UBU ROI

ou

LES POLONAIS

ŒUVRES D'ALFRED JARRY

ALFRED JARRY

UBU ROI

DRAME EN CINQ ACTES

d'après les éditions publiées du vivant
de l'auteur et les documents icono-
biobibliographiques qui s'y rapportent

Préface de JEAN SALTAS

57ᵉ MILLE

FASQUELLE ÉDITEURS

61, RUE DES SAINTS-PÈRES, VIᵉ

ALFRED JARRY à l'époque où il écrivit « Ubu Roi »

PRÉFACE

Alfred Jarry est né à Laval le 8 septembre 1873, jour de la nativité de la Vierge, il est mort à l'hôpital de la Charité le 1er novembre 1907, jour de la Toussaint.

Malgré son érudition profonde et variée, il fut toujours un garçon simple et naïf, content de tout et de lui-même.

Ubu Roi, son chef-d'œuvre, cette pièce légendaire et bouffonne qui renferme la simplicité satirique d'Aristophane, le bon sens et la truculence de Rabelais et la fantaisie lyrique de Shakespeare, fut composé par lui à l'âge de quinze ans.

C'est avec raison qu'on a écrit que le héros de cette géniale guignolade est entré dans l'humanité et l'histoire comme Don Juan, Tartufe, Hamlet et Panurge.

A l'époque où je collaborais avec lui pour un roman adapté du grec, *La Papesse Jeanne*, Jarry, déjà atteint mo-

9

ralement et physiquement, suivit mon conseil et alla se reposer chez sa sœur, à Laval.

J'ai de lui nombre de lettres aussi curieuses qu'intéressantes qu'il m'adressa à cette époque. En voici une qu'il avait envoyée d'autre part à Mme Rachilde, avec qui le liait une grande amitié. On y retrouve toute son originalité intellectuelle, doublée de cette sorte d'ironie qui ne l'abandonnait pas.

« Madame Rachilde,

« Le Père Ubu, cette fois, n'écrit pas dans la fièvre (ça commence comme un testament, il est fait, d'ailleurs). Je pense que vous avez compris maintenant, il ne meurt pas (pardon, le mot est lâché) de bouteilles et autres orgies.

« Il n'avait pas cette passion, il a eu la coquetterie de se faire examiner par tous les « merdecins ». Il n'a aucune tare, ni au foie, ni au cœur, ni aux reins, pas même dans les urines! Il est épuisé, simplement; fin curieuse, quand on a écrit *Le Surmâle*, et sa chaudière ne va pas éclater, mais s'éteindre. Il va s'arrêter tout doucement comme un moteur fourbu... Et aucun régime humain, si fidèlement (en riant en dedans) qu'il le suive, n'y fera rien. Sa fièvre est peut-être

bue son cœur essaye de le sauver en faisant du
150. Aucun être humain n'a tenu jusque-là. Il est
depuis deux jours « l'extrême-oint » du Seigneur
et, tel l'éléphant sans trompe de Kipling, « plein
d'une insatiable curiosité ». Il va rentrer un peu
plus en arrière dans la nuit des temps. Comme
il avait son revolver dans sa poche-à-cul, il s'est
fait mettre au cou une chaîne d'or, uniquement
parce que ce métal est inoxydable et durera autant
que ses os, avec des médailles auxquelles il croit,
s'il doit rencontrer des démons. Ça l'amuse autant
que des poissons... Notons que, s'il ne meurt pas,
il sera grotesque d'avoir écrit tout cela. Mais nous
répétons que tout ceci n'est pas écrit dans la fièvre.
Il a laissé de si belles choses sur la terre, mais disparaît dans une telle apothéose!... Et comme disait,
sur son lit de mort, Socrate à Ctésiphon : « Souviens-
toi que nous devons un coq à Esculape ».

« Maintenant, Madame, vous qui descendez des
grands inquisiteurs d'Espagne, celui qui par sa
mère est le dernier Dorset (pas de folie des gran-
deurs, j'ai ici mes parchemins) se permet de vous
rappeler sa double devise : « Aut nunquam tentes,
aut perfice » (N'essaye rien, ou va jusqu'au bout).
J'y vais, Madame Rachilde, toujours loyal... et
vous demande de prier pour lui : la qualité de la
prière le sauvera peut-être. Mais il s'est armé
devant l'Éternité et n'a pas peur.

. . . .
« Le Père Ubu a fait sa barbe, s'est fait préparer
une chemise mauve par hasard! Il disparaît dans
les couleurs du Mercure... et il démarrera, pétri
toujours d'une insatiable curiosité. Il a l'intuition

II

que ce sera pour ce soir à cinq heures... S'il se
trompe il sera ridicule et voilà tout. Les revenants
sont toujours ridicules.

« Là-dessus, le Père Ubu, qui n'a pas volé son
repos, va essayer de dormir. Il croit que le cer-
veau, dans la décomposition, fonctionne au-delà
de la mort et que ce sont ses rêves qui sont le
Paradis. Le Père Ubu, ceci sous condition, — il
voudrait tant revenir au Tripode! (1) — va peut-
être dormir pour toujours.

« ALFRED JARRY.

« *P.-S.* — Je rouvre ma lettre, le docteur vient
de passer et croit me sauver. »

En effet le pauvre Jarry ne mourut pas.
Il ne voulut d'ailleurs pas mourir dans
son pays natal. Il l'avait quitté depuis
longtemps et y était complètement
inconnu. J'ai fait un séjour à Laval pendant la guerre. J'ai pu me rendre compte
de l'ignorance dans laquelle on y était
d'un écrivain dont on avait tant parlé.

A moitié rétabli, Jarry revint à Paris;
ma surprise fut grande de le voir arriver
un matin chez moi. Je reconnus bien là
les qualités charmantes qu'il avait sous sa

(1) Son pied-à-terre, aux environs de Corbeil.

12

brusquerie affectée; il m'apporta une photographie de lui en escrimeur, le montrant plein de vie et de santé. Il voulait absolument me faire croire qu'elle était récente, alors qu'elle remontait à plusieurs années. Le vrai, qu'il voulait sans doute cacher en vain, c'est qu'il n'avait déjà plus dans les yeux, dans la physionomie, cette vivacité d'expression qu'on lui a connue, ni ce sourire convulsif et brutal qui passait si rapidement du sérieux au comique, et donnait si souvent à son visage quelque ressemblance avec un masque japonais.

Son état s'étant subitement aggravé, il dut être transporté d'urgence à l'hôpital de la Charité dans le service du professeur Roger, où il passa ses derniers jours, admirable de patience, de calme, de bonhomie, de savoir-vivre et surtout d'insouciance.

Son affaiblissement fut rapide. L'aspect qu'il prenait ne laissait plus de doute.

Alfred Jarry eut une fin curieuse comme sa vie et son esprit. A la dernière visite que je lui fis, je lui demandai s'il désirait quelque chose; ses yeux s'animèrent; il y avait en effet quelque chose qui lui ferait grand plaisir. Je l'assurai qu'il l'aurait immédiatement. Il parla : ce quelque chose était un cure-dents. Je sortis aussitôt pour aller lui en acheter et lui en rapportai tout un paquet. Il en prit un entre deux doigts de sa main droite. Une joie visible était sur son visage. Il semblait qu'il se sentît soudain rempli d'une grande aise, comme aux jours où il partait pour une de ces parties de pêche, de canotage ou de bicyclette, ses trois sports préférés. J'avais à peine fait quelques pas pour parler à l'infirmière, que celle-ci me fit signe de me retourner : il expirait.

J. S.

UBU ROI AU THÉÂTRE

Ubu Roi fut d'abord représenté par les Marionnettes en 1888, mais la véritable première eut lieu au Théâtre de l'Œuvre le 10 décembre 1896, et voici à ce propos la lettre par laquelle, le 8 janvier 1896, Alfred Jarry offrait son chef-d'œuvre à M. Lugné-Poë.

« Cher Monsieur,

« L'acte dont nous avions parlé vous sera porté à la date dite, soit vers le 20. Mais je vous écris d'avance pour vous demander de réfléchir à un projet que je vous soumets et qui serait peut-être intéressant. Puisque *Ubu Roi* vous a plu et forme un tout, si cela vous convenait, je pourrais le simplifier un peu, et nous aurions une chose qui serait d'un effet comique sûr, puisque à une lecture non prévenue elle vous avait parue telle.

« Il serait curieux, je crois, de pouvoir monter cette chose (sans aucun frais du reste) dans le goût suivant :

« 1º Masque pour le personnage principal. Ubu, lequel masque je pourrais vous procurer au besoin.

Et puis je crois que vous vous êtes occupé vous-même de la question masques.

« 2º Une tête de cheval en carton qu'il se pendrait au cou, comme dans l'ancien théâtre anglais, pour les deux seules scènes équestres, tous détail, qui étaient dans l'esprit de la pièce, puisque j'ai voulu faire un « guignol ».

« 3º Adoption d'un seul décor, ou mieux, d'un fond uni, supprimant les levers et baissers de rideau pendant l'acte unique. Un personnage correctement vêtu viendrait, comme dans les Guignols, accrocher une pancarte signifiant le lieu de la scène. (Notez que je suis certain de la supériorité « suggestive » de la pancarte écrite sur le décor. Un décor ni une figuration ne rendraient « l'armée polonaise en marche dans l'Ukraine ».)

« 4º Suppression des foules, lesquelles sont souvent mauvaises à la scène et gênent l'intelligence. Ainsi, un seul soldat dans la scène de la revue, un seul dans la bousculade où Ubu dit : « Quel tas de gens, quelle fuite, etc. ».

« 5º Adoption d'un « accent » ou mieux d'une « voix » spéciale pour le personnage principal.

« 6º Costumes aussi peu couleur locale ou chronologique que possible (ce qui rend mieux l'idée d'une chose éternelle), moderne de préférence, puisque la satire est moderne; et sordide, parce que le drame en paraît plus misérable et horrifique.

« Il n'y a que trois personnages importants ou qui parlent beaucoup, Ubu, mère Ubu et Bordure. Vous avez un acteur extraordinaire pour la silhouette de Bordure contrastant avec l'épaisseur d'Ubu : le grand qui clamait : « C'est mon droit ».

16

« Et enfin, je n'oublie pas que ceci n'est qu'un projet soumis à votre bon plaisir, et je ne vous ai parlé d'*Ubu Roi* que parce qu'il a l'avantage d'être accessible à la majorité du public. D'ailleurs, l'autre chose sera prête et vous verrez qu'elle vaudra mieux. Mais si le projet ci-contre ne vous semblait point absurde, j'aimerais autant en être informé, pour ne point travailler à quelque chose qui ferait double emploi. L'une comme l'autre ne dépasseront point trois quarts d'heure de scène, comme nous en étions convenu.

« A vous, avec l'assurance de toute ma sympathie pour votre entreprise qui m'a encore donné hier une belle soirée d'art.

« ALFRED JARRY. »

Ceux qui ont assisté à la première représentation d'*Ubu Roi* au Théâtre de l'Œuvre affirment que ce fut une soirée inoubliable et, il y a quelques années, l'un d'eux, méditant d'écrire un livre sur « les premières célèbres », avait formé le projet d'y joindre une relation de la première d'*Ubu Roi*.

Véritable portrait de Monsieur Ubu.

Ce Livre[1]

est dédié

à

MARCEL SCHWOB

Adonc le Père Ubu
hoscha la poire, dont
fut depuis nommé
par les Anglois
Shakespeare, et avez
de lui sous ce nom
maintes belles tragœ-
dies par escript.

[1] Éd. Aut. : Cette pièce...
Éd. 1900 : Ce drame...

COMPOSITION
DE
L'ORCHESTRE (¹)

Hautbois

Chalumeaux

Cervelas

Grande Basse

Flageolets   Flûtes traversières

Grande Flûte

Petit Basson   Grand Basson

Triple Basson   Petits Cornets noirs

Cornets blancs aigus

Cors   Sacquebutes   Trombones

Oliphans verts   Galoubets

Cornemuses

Bombardes   Timbales

Tambour   Grosse Caisse

Grandes Orgues

(1) Éd. Aut.

Reproduction de la couverture de l'ouverture d' « Ubu Roi ».

Autre portrait de Monsieur Ubu.

PERSONNAGES

PÈRE UBU

MÈRE UBU

CAPITAINE BORDURE

LE ROI VENCESLAS

LA REINE ROSEMONDE

BOLESLAS. . . . ⎫
LADISLAS. . . . ⎬ *leurs fils*
BOUGRELAS . . ⎭

LE GÉNÉRAL LASCY

STANISLAS LECZINSKI

JEAN SOBIESKI

NICOLAS RENSKY

L'EMPEREUR ALEXIS

GIRON . . . ⎫
PILE . . . . ⎬ *Palotins*
COTICE . . . ⎭

CONJURÉS ET SOLDATS

PEUPLE

MICHEL FÉDÉROVITCH

NOBLES

MAGISTRATS

(Ed. 1900) Les Ombres des Ancêtres.

CONSEILLERS

FINANCIERS

LARBINS DE PHYNANCES

PAYSANS

TOUTE L'ARMÉE RUSSE

TOUTE L'ARMÉE POLONAISE

LES GARDES DE LA MÈRE UBU

UN CAPITAINE

L'OURS

LE CHEVAL A PHYNANCES

LA MACHINE A DÉCERVELER

L'ÉQUIPAGE

LE COMMANDANT

Voici, d'après l'Ed. Aut. et l'Éd. 1900 qui se complètent l'une l'autre, le détail des rôles de la première représentation.

Ubu Roi a été représenté au Théâtre de l'Œuvre (10 décembre 1896), avec le concours de :

Mmes Louise France (Mère Ubu) et Irma Perrot (la reine Rosemonde) ; MM. Gémier (Ubu), Dujeu (le roi Venceslas), Nolot (le Czar et Bougrelas), G. Flandre (Bordure), Buteaux, Charley, Séverin-Mars, Lugné-Poë (Michel Fédérovitch, un Messager), Carpentier, Ducaté, Dalley, Cremnitz, Verse, Michelez, etc.

Décors de Géruzier et Bonnard.

Maquettes des Masques par l'auteur.

[Éd. 1900] Aux Pantins (janvier-février 1798).

ALFRED JARRY en 1906, par F.-A. Cazals.

ACTE PREMIER

SCÈNE PREMIÈRE

PÈRE UBU, MÈRE UBU

PÈRE UBU. — Merdre!

MÈRE UBU. — Oh! voilà du joli, Père Ubu, vous estes un fort grand voyou.

PÈRE UBU. — Que ne vous assom-je, Mère Ubu!

MÈRE UBU. — Ce n'est pas moi, Père Ubu, c'est un autre qu'il faudrait assassiner.

PÈRE UBU. — De par ma chandelle verte, je ne comprends pas.

MÈRE UBU. — Comment, Père Ubu, vous estes content de votre sort?

PÈRE UBU. — De par ma chandelle verte, merdre, madame, certes oui, je suis content. On le serait à moins : capitaine de dragons, officier de confiance du roi Venceslas, décoré de l'ordre de l'Aigle rouge de Pologne et ancien roi d'Aragon, que voulez-vous de mieux ?

MÈRE UBU. — Comment ! Après avoir été roi d'Aragon vous vous contentez de mener aux revues une cinquantaine d'estafiers armés de coupe-choux, quand vous pourriez faire succéder sur votre fiole la couronne de Pologne à celle d'Aragon ?

PÈRE UBU. — Ah ! Mère Ubu, je ne comprends rien de ce que tu dis.

Mère Ubu. — Tu es si bête!

Père Ubu. — De par ma chandelle verte, le roi Venceslas est encore bien vivant; et même en admettant qu'il meure, n'a-t-il pas des légions d'enfants?

Mère Ubu. — Qui t'empêche de massacrer toute la famille et de te mettre à leur place?

Père Ubu. — Ah! Mère Ubu, vous me faites injure et vous allez passer tout à l'heure par la casserole.

Mère Ubu. — Eh! pauvre malheureux, si je passais par la casserole, qui te raccommoderait tes fonds de culotte?

Père Ubu. — Eh vraiment! et puis après? N'ai-je pas un cul comme les autres?

MÈRE UBU. — A ta place, ce cul, je voudrais l'installer sur un trône. Tu pourrais augmenter indéfiniment tes richesses, manger fort souvent de l'andouille et rouler carrosse par les rues.

PÈRE UBU. — Si j'étais roi, je me ferais construire une grande capeline comme celle que j'avais en Aragon et que ces gredins d'Espagnols m'ont impudemment volée.

MÈRE UBU. — Tu pourrais aussi te procurer un parapluie et un grand caban qui te tomberait sur les talons.

PÈRE UBU. — Ah! je cède à la tentation. Bougre de merdre, merdre de bougre, si jamais je le rencontre au coin d'un bois, il passera un mauvais quart d'heure.

Mère Ubu. — Ah! bien Père Ubu, te voilà devenu un véritable homme.

Père Ubu. — Oh non! moi capitaine de dragons, massacrer le roi de Pologne! plutôt mourir!

Mère Ubu, *à part*. — Oh! merdre! (*Haut.*) Ainsi, tu vas rester gueux comme un rat, Père Ubu?

Père Ubu. — Ventrebleu, de par ma chandelle verte, j'aime mieux être gueux comme un maigre et brave rat que riche comme un méchant et gras chat.

Mère Ubu. — Et la capeline? et le parapluie? et le grand caban?

Père Ubu. — Eh bien! après, Mère Ubu? (*Il s'en va en claquant la porte.*)

Mère Ubu, *seule*. — Vrout,

merdre, il a été dur à la détente,
mais vrout, merdre, je crois pourtant l'avoir ébranlé. Grâce à Dieu
et à moi-même, peut-être dans huit
jours serai-je reine de Pologne.

SCÈNE II

*La scène représente une chambre
de la maison du Père Ubu où
une table splendide est dressée.*

PÈRE UBU, MÈRE UBU

MÈRE UBU. — Eh! nos invités
sont bien en retard.

PÈRE UBU. — Oui, de par ma
chandelle verte. Je crève de faim.
Mère Ubu, tu es bien laide aujour-
d'hui. Est-ce parce que nous avons
du monde?

MÈRE UBU, *haussant les épaules.*
— Merdre!

PÈRE UBU, *saisissant un poulet
rôti.* — Tiens, j'ai faim, je vais
mordre dans cet oiseau. C'est un

poulet, je crois. Il n'est pas mauvais.

Mère Ubu. — Que fais-tu, malheureux ? Que mangeront nos invités.

Père Ubu. — Ils en auront encore bien assez. Je ne toucherai plus à rien. Mère Ubu, va donc voir à la fenêtre si nos invités arrivent.

Mère Ubu, *y allant.* — Je ne vois rien. (*Pendant ce temps, le Père Ubu dérobe une rouelle de veau.*)

Mère Ubu. — Ah ! voilà le capitaine Bordure et ses partisans qui arrivent. Que manges-tu donc, Père Ubu ?

Père Ubu. — Rien, un peu de veau.

MÈRE UBU. — Ah! le veau! le veau! veau! Il a mangé le veau! au secours!

PÈRE UBU. — De par ma chandelle verte, je te vais arracher les yeux.

(*La porte s'ouvre.*)

SCÈNE III

PÈRE UBU, MÈRE UBU, CAPITAINE BORDURE ET SES PARTISANS

MÈRE UBU. — Bonjour, messieurs, nous vous attendons avec impatience. Asseyez-vous.

CAPITAINE BORDURE. — Bonjour, madame. Mais où est donc le Père Ubu?

35

PÈRE UBU. — Me voilà! me voilà! Sapristi, de par ma chandelle verte, je suis pourtant assez gros.

CAPITAINE BORDURE. — Bonjour, Père Ubu. Asseyez-vous, mes hommes. (*Ils s'asseyent tous.*)

PÈRE UBU. — Ouf, un peu plus, j'enfonçais ma chaise.

CAPITAINE BORDURE. — Eh! Mère Ubu! que nous donnez-vous de bon aujourd'hui?

MÈRE UBU. — Voici le menu.

PÈRE UBU. — Oh! ceci m'intéresse.

MÈRE UBU. — Soupe polonaise, côtes de rastron, veau, poulet, pâté de chien, croupions de dinde, charlotte russe...

PÈRE UBU. — Eh ! en voilà assez, je suppose. Y en a-t-il encore ?

MÈRE UBU, *continuant.* — Bombe, salade, fruits, dessert, bouilli, topinambours, choux-fleurs à la merdre.

PÈRE UBU. — Eh ! me crois-tu empereur d'Orient pour faire de telles dépenses ?

MÈRE UBU. — Ne l'écoutez pas, il est imbécile.

PÈRE UBU. — Ah ! je vais aiguiser mes dents contre vos mollets.

MÈRE UBU. — Dîne plutôt, Père Ubu. Voilà de la polonaise.

PÈRE UBU. — Bougre, que c'est mauvais !

CAPITAINE BORDURE. — Ce n'est pas bon, en effet.

MÈRE UBU. — Tas d'Arabes, que vous faut-il ?

PÈRE UBU, *se frappant le front.* — Oh ! j'ai une idée. Je vais revenir tout à l'heure. (*Il s'en va.*)

MÈRE UBU. — Messieurs, nous allons goûter du veau.

CAPITAINE BORDURE. — Il est très bon, j'ai fini.

MÈRE UBU. — Aux croupions, maintenant.

CAPITAINE BORDURE. — Exquis, exquis ! Vive la Mère Ubu !

TOUS. — Vive la Mère Ubu !

PÈRE UBU, *rentrant.* — Et vous allez bientôt crier vive le Père Ubu. (*Il tient un balai innommable à la main et le lance sur le festin.*)

MÈRE UBU. — Misérable, que fais-tu ?

PÈRE UBU. — Goûtez un peu. (*Plusieurs goûtent et tombent empoisonnés.*)

PÈRE UBU. — Mère Ubu, passe-moi les côtelettes de rastron, que je serve.

MÈRE UBU. — Les voici.

PÈRE UBU. — A la porte tout le monde! Capitaine Bordure, j'ai à vous parler.

LES AUTRES. — Eh! nous n'avons pas dîné.

PÈRE UBU. — Comment, vous n'avez pas dîné! A la porte, tout le monde! Restez, Bordure. (*Personne ne bouge.*)

PÈRE UBU. — Vous n'êtes pas partis? De par ma chandelle verte, je vais vous assommer de côtes de rastron. (*Il commence à en jeter.*)

Tous. — Oh! Aïe! Au secours! Défendons-nous! malheur! je suis mort!

Père Ubu. — Merdre, merdre, merdre! A la porte! je fais mon effet.

Tous. — Sauve qui peut! Misérable Père Ubu! traître et gueux voyou!

Père Ubu. — Ah! les voilà partis. Je respire, mais j'ai fort mal dîné. Venez, Bordure. (*Ils sortent avec la Mère Ubu.*)

SCÈNE IV

PÈRE UBU, MÈRE UBU, CAPITAINE BORDURE

Père Ubu. — Eh bien! capitaine, avez-vous bien dîné?

CAPITAINE BORDURE. — Fort
bien, monsieur, sauf la merdre.

PÈRE UBU. — Eh! la merdre
n'était pas mauvaise.

MÈRE UBU. — Chacun son goût.

PÈRE UBU. — Capitaine Bordure, je suis décidé à vous faire
duc de Lithuanie.

CAPITAINE BORDURE. — Com-
ment, je vous croyais fort gueux,
Père Ubu.

PÈRE UBU. — Dans quelques
jours, si vous voulez, je règne en
Pologne.

CAPITAINE BORDURE. — Vous
allez tuer Venceslas?

PÈRE UBU. — Il n'est pas bête,
le bougre, il a deviné.

CAPITAINE BORDURE. — S'il
s'agit de tuer Venceslas, j'en suis.

Je suis son mortel ennemi et je
réponds de mes hommes.

PÈRE UBU, *se jetant sur lui pour
l'embrasser.* — Oh ! oh ! je vous
aime beaucoup, Bordure.

CAPITAINE BORDURE. — Eh ! vous
empestez, Père Ubu. Vous ne vous
lavez donc jamais ?

PÈRE UBU. — Rarement.

MÈRE UBU. — Jamais !

PÈRE UBU. — Je vais te marcher
sur les pieds.

MÈRE UBU. — Grosse merdre !

PÈRE UBU. — Allez, Bordure,
j'en ai fini avec vous. Mais, par
ma chandelle verte, je jure sur la
Mère Ubu de vous faire duc de
Lithuanie.

MÈRE UBU. — Mais...

PÈRE UBU. — Tais-toi, ma douce enfant...

(*Ils sortent.*)

SCÈNE V

PÈRE UBU, MÈRE UBU, UN MESSAGER

PÈRE UBU. — Monsieur, que voulez-vous? Fichez le camp, vous me fatiguez.

LE MESSAGER. — Monsieur, vous êtes appelé de par le roi.

(*Il sort.*)

PÈRE UBU. — Oh! merdre, jarnicotonbleu, de par ma chandelle verte, je suis découvert, je vais être décapité! hélas! hélas!

43

MÈRE UBU. — Quel homme mou! et le temps presse.

PÈRE UBU. — Oh! j'ai une idée: je dirai que c'est la Mère Ubu et Bordure.

MÈRE UBU. — Ah! gros P.U... si tu fais ça...

PÈRE UBU. — Eh! j'y vais de ce pas.

(*Il sort.*)

MÈRE UBU, *courant après lui.* — Oh! Père Ubu, Père Ubu, je te donnerai de l'andouille.

(*Elle sort.*)

PÈRE UBU, *dans la coulisse.* — Oh! merdre! tu en es une fière, d'andouille.

SCÈNE VI

Le palais du roi.

LE ROI VENCESLAS, ENTOURÉ DE SES OFFICIERS; BORDURE; LES FILS DU ROI, BOLESLAS, LADIS-LAS ET BOUGRELAS. PUIS UBU.

PÈRE UBU, *entrant.* — Oh! vous savez, ce n'est pas moi, c'est la Mère Ubu et Bordure.

LE ROI. — Qu'as-tu, Père Ubu?

BORDURE. — Il a trop bu.

LE ROI. — Comme moi, ce matin.

PÈRE UBU. — Oui, je suis saoul, c'est parce que j'ai bu trop de vin de France.

45

LE ROI. — Père Ubu, je tiens à récompenser tes nombreux services comme capitaine de dragons, et je te fais aujourd'hui comte de Sandomir.

PÈRE UBU. — O monsieur Venceslas, je ne sais comment vous remercier.

LE ROI. — Ne me remercie pas, Père Ubu, et trouve-toi demain matin à la grande revue.

PÈRE UBU. — J'y serai, mais acceptez, de grâce, ce petit mirliton.

(Il présente au roi un mirliton.)

LE ROI. — Que veux-tu à mon âge que je fasse d'un mirliton ? Je le donnerai à Bougrelas.

LE JEUNE BOUGRELAS. — Est-il bête, ce Père Ubu !

PÈRE UBU. — Et maintenant, je vais foutre le camp (*Il tombe en se retournant.*) Oh! aïe! au secours! De par ma chandelle verte, je me suis rompu l'intestin et crevé la bouzine!

LE ROI, *le relevant.* — Père Ubu, vous estes-vous fait mal?

PÈRE UBU. — Oui certes, et je vais sûrement crever. Que deviendra la Mère Ubu?

LE ROI. — Nous pourvoirons à son entretien.

PÈRE UBU. — Vous avez bien de la bonté de reste. (*Il sort.*) Oui, mais, roi Venceslas, tu n'en seras pas moins massacré.

SCÈNE VIII

La maison d'Ubu.

GIRON, PILE, COTICE, PÈRE UBU, MÈRE UBU, CONJURÉS ET SOLDATS, CAPITAINE BORDURE.

PÈRE UBU. — Eh! mes bons amis, il est grand temps d'arrêter le plan de la conspiration. Que chacun donne son avis. Je vais d'abord donner le mien, si vous le permettez.

CAPITAINE BORDURE. — Parlez, Père Ubu.

PÈRE UBU. — Eh bien! mes amis, je suis d'avis d'empoisonner simplement le roi en lui fourrant de l'arsenic dans son déjeuner.

Quand il voudra le brouter, il tombera mort, et ainsi je serai roi.

Tous. — Fi, le sagouin!

Père Ubu. — Eh quoi! cela ne vous plaît pas? Alors, que Bordure donne son avis.

Capitaine Bordure. — Moi, je suis d'avis de lui ficher un grand coup d'épée qui le fendra de la tête à la ceinture.

Tous. — Oui! voilà qui est noble et vaillant.

Père Ubu. — Et s'il vous donne des coups de pied? Je me rappelle maintenant qu'il a pour les revues des souliers de fer qui font très mal. Si je savais, je filerais vous dénoncer pour me tirer de cette sale affaire, et je pense qu'il me donnerait aussi de la monnaie.

49

Mère Ubu. — Oh! le traître, le lâche, le vilain et plat ladre.

Tous. — Conspuez le Père Ubu!

Père Ubu. — Hé! messieurs, tenez-vous tranquilles si vous ne voulez visiter mes poches. Enfin je consens à m'exposer pour vous. De la sorte, Bordure, tu te charges de pourfendre le roi.

Capitaine Bordure. — Ne vaudrait-il pas mieux nous jeter tous à la fois sur lui en braillant et gueulant? Nous aurions chance ainsi d'entraîner les troupes.

Père Ubu. — Alors, voilà. Je tâcherai de lui marcher sur les pieds, il regimbera, alors je lui dirai : merdre, et à ce signal vous vous jetterez sur lui.

Mère Ubu. — Oui, et dès qu'il

sera mort tu prendras son sceptre et sa couronne.

CAPITAINE BORDURE. — Et je courrai avec mes hommes à la poursuite de la famille royale.

PÈRE UBU. — Oui, et je te recommande spécialement le jeune Bougrelas.

(*Ils sortent.*)

PÈRE UBU, *courant après et les faisant revenir.* — Messieurs, nous avons oublié une cérémonie indispensable, il faut jurer de nous escrimer vaillamment.

CAPITAINE BORDURE. — Et comment faire? Nous n'avons pas de prêtre.

PÈRE UBU. — La Mère Ubu va en tenir lieu.

TOUS. — Eh bien, soit !

Père Ubu. — Ainsi vous jurez
de bien tuer le roi?

Tous. — Oui, nous le jurons.
Vive le Père Ubu!

ACTE II

SCÈNE PREMIÈRE

Le palais du roi.

VENCESLAS, LA REINE ROSEMONDE, BOLESLAS, LADISLAS ET BOUGRELAS.

LE ROI. — Monsieur Bougrelas, vous avez été ce matin fort impertinent avec Monsieur Ubu, chevalier de mes ordres et comte de Sandomir. C'est pourquoi je vous défends de paraître à ma revue.

LA REINE. — Cependant, Venceslas, vous n'auriez pas trop de toute votre famille pour vous défendre.

LE ROI. — Madame, je ne re-

viens jamais sur ce que j'ai dit.
Vous me fatiguez avec vos sornettes.

LE JEUNE BOUGRELAS. — Je me
soumets, monsieur mon père.

LA REINE. — Enfin, Sire, êtes-
vous toujours décidé à aller à cette
revue ?

LE ROI. — Pourquoi non, madame ?

LA REINE. — Mais, encore une
fois, ne l'ai-je pas vu en songe
vous frappant de sa masse d'armes
et vous jetant dans la Vistule, et
un aigle comme celui qui figure
dans les armes de Pologne lui
plaçant la couronne sur la tête ?

LE ROI. — A qui ?

LA REINE. — Au Père Ubu.

LE ROI. — Quelle folie ! Monsieur de Ubu est un fort bon gentilhomme qui se ferait tirer à quatre chevaux pour mon service.

LA REINE ET BOUGRELAS. — Quelle erreur !

LE ROI. — Taisez-vous, jeune sagouin. Et vous, madame, pour vous prouver combien je crains peu Monsieur Ubu, je vais aller à la revue comme je suis, sans arme et sans épée.

LA REINE. — Fatale imprudence, je ne vous reverrai pas vivant.

LE ROI. — Venez, Ladislas. Venez, Boleslas.

(*Ils sortent. La Reine et Bougrelas vont à la fenêtre.*)

LA REINE ET BOUGRELAS. — Que Dieu et le grand saint Nicolas vous gardent !

LA REINE. — Bougrelas, venez
dans la chapelle avec moi prier
pour votre père et vos frères.

SCÈNE II

Le champ des revues.

L'ARMÉE POLONAISE, LE ROI, BO-
LESLAS, LADISLAS, PÈRE UBU,
CAPITAINE BORDURE ET SES
HOMMES, GIRON, PILE, COTICE.

LE ROI. — Noble Père Ubu,
venez près de moi avec votre suite
pour inspecter les troupes.

PÈRE UBU, *aux siens.* — Attention, vous autres. (*Au roi.*) On y
va, monsieur, on y va. (*Les hommes d'Ubu entourent le roi.*)

LE ROI. — Ah! voici le régiment des gardes à cheval de Dantzick. Ils sont fort beaux, ma foi.

PÈRE UBU. — Vous trouvez? Ils me paraissent misérables. Regardez celui-ci. (*Au soldat.*) Depuis combien de temps ne t'es-tu débarbouillé, ignoble drôle?

LE ROI. — Mais ce soldat est fort propre. Qu'avez-vous donc, Père Ubu?

PÈRE UBU. — Voilà! (*Il lui écrase le pied.*)

LE ROI. — Misérable!

PÈRE UBU. — Merdre! A moi, mes hommes!

BORDURE. — Hurrah! en avant! (*Tous frappent le roi, un palotin explose.*)

57

LE ROI. — Oh! au secours! Sainte Vierge, je suis mort.

BOLESLAS, *à Ladislas.* — Qu'est cela? Dégainons.

PÈRE UBU. — Ah! j'ai la couronne! Aux autres, maintenant.

CAPITAINE BORDURE. — Sus aux traîtres! (*Les fils du roi s'enfuient, tous les poursuivent.*)

SCÈNE III

LA REINE ET BOUGRELAS

LA REINE. — Enfin, je commence à me rassurer.

BOUGRELAS. — Vous n'avez aucun sujet de crainte.

(*Une effroyable clameur se fait entendre au-dehors.*)

BOUGRELAS. — Ah ! que vois-je ? Mes deux frères poursuivis par le Père Ubu et ses hommes.

LA REINE. — O mon Dieu ! Sainte Vierge, ils perdent, ils perdent du terrain !

59

BOUGRELAS. — Toute l'armée suit le Père Ubu. Le roi n'est plus là. Horreur ! Au secours !

LA REINE. — Voilà Boleslas mort ! Il a reçu une balle.

BOUGRELAS. — Eh ! (*Ladislas se retourne.*) Défends-toi ! Hurrah, Ladislas !

LA REINE. — Oh ! Il est entouré.

BOUGRELAS. — C'en est fait de lui. Bordure vient de le couper en deux comme une saucisse.

LA REINE. — Ah ! Hélas ! Ces furieux pénètrent dans le palais, ils montent l'escalier.

(*La clameur augmente.*)

LA REINE ET BOUGRELAS, *à genoux*. — Mon Dieu, défendez-nous.

BOUGRELAS. — Oh! ce Père Ubu! Le coquin, le misérable, si je le tenais...

SCÈNE IV

LES MÊMES. *La porte est défoncée.* LE PÈRE UBU *et les forcenés pénètrent.*

PÈRE UBU. — Eh! Bougrelas, que me veux-tu faire?

BOUGRELAS. — Vive Dieu! je défendrai ma mère jusqu'à la mort! Le premier qui fait un pas est mort.

PÈRE UBU. — Oh! Bordure, j'ai peur! Laissez-moi m'en aller.

UN SOLDAT, *avance.* — Rends-toi, Bougrelas!

LE JEUNE BOUGRELAS. — Tiens, voyou! voilà ton compte! (*Il lui fend le crâne.*)

LA REINE. — Tiens bon, Bougrelas, tiens bon!

PLUSIEURS, *avancent.* — Bougrelas, nous te promettons la vie sauve.

BOUGRELAS. — Chenapans, sacs à vins, sagouins payés!

(*Il fait le moulinet avec son épée et en fait un massacre.*)

PÈRE UBU. — Oh! je vais bien en venir à bout tout de même!

BOUGRELAS. — Mère, sauve-toi par l'escalier secret.

LA REINE. — Et toi, mon fils, et toi?

BOUGRELAS. — Je te suis.

PÈRE UBU. — Tâchez d'attraper

la reine. Ah ! la voilà partie. Quant
à toi, misérable...

(*Il s'avance vers Bougrelas.*)

BOUGRELAS. — Ah ! vive Dieu !
Voilà ma vengeance ! (*Il lui dé-
coud la boudouille d'un terrible
coup d'épée.*) Mère, je te suis ! (*Il
disparaît par l'escalier secret.*)

SCÈNE V

Une caverne dans les montagnes.

LE JEUNE BOUGRELAS *entre,*
suivi de ROSEMONDE

BOUGRELAS. — Ici, nous serons
en sûreté.

LA REINE. — Oui, je le crois !

Bougrelas, soutiens-moi! (*Elle tombe sur la neige.*)

BOUGRELAS. — Ha! qu'as-tu, ma mère?

LA REINE. — Je suis bien malade, crois-moi, Bougrelas. Je n'en ai plus que pour deux heures à vivre.

BOUGRELAS. — Quoi? le froid t'aurait-il saisie?

LA REINE. — Comment veux-tu que je résiste à tant de coups? Le roi massacré, notre famille détruite, et toi, représentant de la plus noble race qui ait jamais porté l'épée, forcé de t'enfuir dans les montagnes comme un contrebandier.

BOUGRELAS. — Et par qui, grand Dieu! par qui? Un vulgaire Père Ubu, aventurier sorti on ne sait d'où, vile crapule, vagabond honteux ! Et quand je pense que mon père l'a décoré et fait comte et que le lendemain ce vilain n'a pas eu honte de porter la main sur lui.

LA REINE. — O Bougrelas ! quand je me rappelle combien nous étions heureux avant l'arrivée de ce Père Ubu ! Mais maintenant, hélas ! tout est changé !

BOUGRELAS. — Que veux-tu ? Attendons avec espérance et ne renonçons jamais à nos droits.

LA REINE. — Je te le souhaite, mon cher enfant, mais pour moi, je ne verrai pas cet heureux jour.

BOUGRELAS. — Eh ! qu'as-tu ? Elle pâlit, elle tombe. Au secours !

Mais je suis dans un désert! O
mon Dieu! Son cœur ne bat plus.
Elle est morte! Est-ce possible?
Encore une victime du Père Ubu!
(*Il se cache la figure dans les mains
et pleure.*) O mon Dieu! qu'il est
triste de se voir à quatorze ans avec
une vengeance terrible à pour-
suivre! (*Il tombe en proie au plus
violent désespoir.*)

(*Pendant ce temps, les Ames de
Venceslas, de Boleslas, de Ladislas, de Rosemonde entrent dans la
grotte, leurs Ancêtres les accom-
pagnent et remplissent la grotte.
Le plus vieux s'approche de Bougrelas et le réveille doucement.*)

BOUGRELAS. — Eh! que vois-je?
Toute ma famille, mes ancêtres...
Par quel prodige?

L'Ombre. — Apprends, Bougrelas, que j'ai été pendant ma vie le seigneur Mathias de Königsberg, le premier roi et le fondateur de la maison. Je te remets le soin de notre vengeance. (*Il lui donne une grande épée.*) Et que cette épée que je te donne n'ait de repos que quand elle aura frappé de mort l'usurpateur.

(*Tous disparaissent et Bougrelas reste seul, dans l'attitude de l'extase.*)

SCÈNE VI

Le palais du roi.

**PÈRE UBU, MÈRE UBU,
CAPITAINE BORDURE**

PÈRE UBU. — Non! je ne veux
pas, moi! Voulez-vous me ruiner
pour ces bouffres?

CAPITAINE BORDURE. — Mais
enfin, Père Ubu, ne voyez-vous pas
que le peuple attend le don de
joyeux avènement?

MÈRE UBU. — Si tu ne fais pas
distribuer des viandes et de l'or,
tu seras renversé d'ici deux heures.

PÈRE UBU. — Des viandes, oui ! De l'or, non ! Abattez trois vieux chevaux, c'est bien bon pour de tels sagouins.

MÈRE UBU. — Sagouin toi-même ! Qui m'a bâti un animal de cette sorte ?

PÈRE UBU. — Encore une fois, je veux m'enrichir, je ne lâcherai pas un sou.

MÈRE UBU. — Quand on a entre les mains tous les trésors de la Pologne.

CAPITAINE BORDURE. — Oui, je sais qu'il y a dans la chapelle un immense trésor, nous le distribue-rons.

PÈRE UBU. — Misérable, si tu fais ça !

CAPITAINE BORDURE. — Mais,

Père Ubu, si tu ne fais pas de distributions, le peuple ne voudra pas payer les impôts.

PÈRE UBU. — Est-ce bien vrai?

MÈRE UBU. — Oui, oui!

PÈRE UBU. — Oh! alors, je consens à tout. Réunissez trois millions, cuisez cent cinquante bœufs et moutons, d'autant plus que j'en aurai aussi!

(Ils sortent.)

SCÈNE VII

*La cour du palais pleine
de peuple.*

PÈRE UBU *couronné*, MÈRE UBU,
CAPITAINE BORDURE, LARBINS
chargés de viande.

PEUPLE. — Voilà le roi! Vive
le roi! Hurrah!

PÈRE UBU, *jetant de l'or.* —
Tenez, voilà pour vous. Ça ne
m'amusait guère de vous donner de
l'argent, mais vous savez, c'est la
Mère Ubu qui a voulu. Au moins,
promettez-moi de bien payer les
impôts.

TOUS. — Oui, oui!

71

CAPITAINE BORDURE. — Voyez, Mère Ubu, s'ils se disputent cet or. Quelle bataille !

MÈRE UBU. — Il est vrai que c'est horrible. Pouah ! en voilà un qui a le crâne fendu.

PÈRE UBU. — Quel beau spectacle ! Amenez d'autres caisses d'or.

CAPITAINE BORDURE. — Si nous faisions une course...

PÈRE UBU. — Oui, c'est une idée. (*Au peuple.*) Mes amis, vous voyez cette caisse d'or, elle contient trois cent mille nobles à la rose en or, en monnaie polonaise et de bon aloi. Que ceux qui veulent courir se mettent au bout de la cour. Vous partirez quand j'agiterai mon mouchoir et le premier arrivé aura la caisse. Quant à ceux qui ne gagneront pas, ils auront comme consolation cette autre caisse qu'on leur partagera.

Tous. — Oui! Vive le Père Ubu! Quel bon roi! on n'en voyait pas tant du temps de Venceslas.

Père Ubu, *à la Mère Ubu, avec joie*. — Ecoute-les (*Tout le peuple va se ranger au bout de la cour.*)

Père Ubu. — Une, deux, trois! Y êtes-vous?

Tous. — Oui! oui!

Père Ubu. — Partez! (*Ils partent en se culbutant. Cris et tumulte.*)

Capitaine Bordure. — Ils approchent! Ils approchent!

Père Ubu. — Eh! le premier perd du terrain.

MÈRE UBU. — Non, il regagne maintenant.

CAPITAINE BORDURE. — Oh! Il perd, il perd! Fini! C'est l'autre! (*Celui qui était le deuxième arrive le premier.*)

TOUS. — Vive Michel Fédérovitch! Vive Michel Fédérovitch!

MICHEL FÉDÉROVITCH. — Sire, je ne sais vraiment comment remercier Votre Majesté...

PÈRE UBU. — Oh! mon cher ami, ce n'est rien. Emporte ta caisse chez toi, Michel; et vous, partagez-vous cette autre, prenez une pièce chacun jusqu'à ce qu'il n'y en ait plus.

TOUS. — Vive Michel Fédérovitch! Vive le Père Ubu!

PÈRE UBU. — Et vous mes amis,

venez dîner.! Je vous ouvre aujourd'hui les portes du palais,
veuillez faire honneur à ma table!

PEUPLE. — Entrons! Entrons!
Vive le Père Ubu! C'est le plus
noble des souverains!

*(Ils entrent dans le palais. On
entend le bruit de l'orgie qui se
prolonge jusqu'au lendemain. La
toile tombe.)*

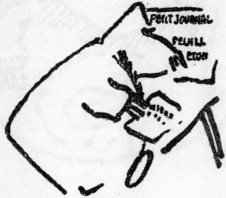

ACTE III

SCÈNE PREMIÈRE

Le palais.

PÈRE UBU, MÈRE UBU

PÈRE UBU. — De par ma chandelle verte, me voici roi de ce pays, je me suis déjà flanqué une indigestion et on va m'apporter ma grande capeline.

MÈRE UBU. — En quoi est-elle, Père Ubu? car nous avons beau être rois, il faut être économes.

PÈRE UBU. — Madame ma femelle, elle est en peau de mouton avec une agrafe et des brides en peau de chien.

MÈRE UBU. — Voilà qui est beau, mais il est encore plus beau d'être rois.

PÈRE UBU. — Oui, tu as eu raison, Mère Ubu.

MÈRE UBU. — Nous avons une grande reconnaissance au duc de Lithuanie.

PÈRE UBU. — Qui donc?

MÈRE UBU. — Eh! le capitaine Bordure.

PÈRE UBU. — De grâce, Mère Ubu, ne me parle pas de ce bouffre. Maintenant que je n'ai plus besoin de lui, il peut bien se brosser le ventre, il n'aura point son duché.

MÈRE UBU. — Tu as grand tort, Père Ubu, il va se tourner contre toi.

Père Ubu. — Oh! je le plains bien, ce petit homme, je m'en soucie autant que de Bougrelas.

Mère Ubu. — Eh! crois-tu en avoir fini avec Bougrelas?

Père Ubu. — Sabre à finances, évidemment! que veux-tu qu'il me fasse, ce petit gamin de quatorze ans?

Mère Ubu. — Père Ubu, fais attention à ce que je te dis. Crois-moi, tâche de t'attacher Bougrelas par tes bienfaits.

Père Ubu. — Encore de l'argent à donner? Ah! non, du coup! vous m'avez fait gâcher bien vingt-deux millions.

Mère Ubu. — Fais à ta tête, Père Ubu, il t'en cuira.

PÈRE UBU. — Eh bien ! tu seras avec moi dans la marmite.

MÈRE UBU. — Ecoute encore une fois, je suis sûre que le jeune Bougrelas l'emportera, car il a pour lui le bon droit.

PÈRE UBU. — Ah ! saleté ! le mauvais droit ne vaut-il pas le bon ? Ah ! tu m'injuries, Mère Ubu, je vais te mettre en morceaux. (*La Mère Ubu se sauve poursuivie par Ubu.*)

SCÈNE II

La grande salle du palais.

PÈRE UBU, MÈRE UBU, OFFICIERS ET SOLDATS; GIRON, PILE, CO-TICE, NOBLES ENCHAINÉS, FINAN-CIERS, MAGISTRATS, GREFFIERS.

PÈRE UBU. — Apportez la caisse à Nobles et le crochet à Nobles et le couteau à Nobles et le bouquin à Nobles! Ensuite faites avancer les Nobles.

(*On pousse brutalement les Nobles.*)

MÈRE UBU. — De grâce, mo-dère-toi, Père Ubu.

81

Père Ubu. — J'ai l'honneur de
vous annoncer que pour enrichir
le royaume je vais faire périr tous
les Nobles et prendre leurs biens.

Nobles. — Horreur ! A nous,
peuple et soldats !

Père Ubu. — Amenez le premier Noble et passez-moi le crochet
à Nobles. Ceux qui seront condamnés à mort, je les passerai dans la
trappe, ils tomberont dans les sous-
sols du Pince-Porc et de la Cham-
bre-à-sous, où on les décervèlera.
(*Au Noble.*) Qui es-tu, bouffre ?

Le Noble. — Comte de Vi-
tepsk.

Père Ubu. — De combien sont
tes revenus ?

Le Noble. — Trois millions de
rixdales.

PÈRE UBU. — Condamné !

(*Il le prend avec le crochet et le passe dans le trou.*)

MÈRE UBU. — Quelle basse férocité !

PÈRE UBU. — Second Noble, qui es-tu ? (*Le Noble ne répond rien.*) Répondras-tu, bouffre ?

LE NOBLE. — Grand-duc de Posen.

PÈRE UBU. — Excellent ! excellent ! Je n'en demande pas plus long. Dans la trappe. Troisième Noble, qui es-tu ? Tu as une sale tête.

LE NOBLE. — Duc de Courlande, des villes de Riga, de Revel et de Mitau.

PÈRE UBU. — Très bien ! très bien ! Tu n'as rien autre chose ?

LE NOBLE. — Rien.

PÈRE UBU. — Dans la trappe, alors. Quatrième Noble, qui es-tu?

LE NOBLE. — Prince de Podolie.

PÈRE UBU. — Quels sont tes revenus?

LE NOBLE. — Je suis ruiné.

PÈRE UBU. — Pour cette mauvaise parole, passe dans la trappe. Cinquième Noble, qui es-tu?

LE NOBLE. — Margrave de Thorn, palatin de Polock.

PÈRE UBU. — Ça n'est pas lourd. Tu n'as rien autre chose?

LE NOBLE. — Cela me suffisait.

PÈRE UBU. — Eh bien! mieux vaut peu que rien. Dans la trappe. Qu'as-tu à pigner, Mère Ubu?

MÈRE UBU. — Tu es trop féroce, Père Ubu.

PÈRE UBU. — Eh! je m'enrichis. Je vais me faire lire MA liste de MES biens. Greffier, lisez MA liste de MES biens.

LE GREFFIER. — Comté de Sandomir.

PÈRE UBU. — Commence par les principautés, stupide bougre!

LE GREFFIER. — Principauté de Podolie, grand-duché de Posen, duché de Courlande, comté de Sandomir, comté de Vitepsk, palatinat de Polock, margraviat de Thorn.

PÈRE UBU. — Et puis après?

LE GREFFIER. — C'est tout.

PÈRE UBU. — Comment, c'est tout! Oh bien! alors, en avant les Nobles, et comme je ne finirai pas de m'enrichir, je vais faire exécuter tous les Nobles et ainsi j'aurai tous les biens vacants. Allez, passez les Nobles dans la trappe. (*On empile les Nobles dans la trappe.*) Dépêchez-vous, plus vite, je veux faire des lois maintenant.

PLUSIEURS. — On va voir ça.

PÈRE UBU. — Je vais d'abord réformer la justice, après quoi nous procéderons aux finances.

PLUSIEURS MAGISTRATS. — Nous nous opposons à tout changement.

PÈRE UBU. — Merdre! D'abord, les magistrats ne seront plus payés.

MAGISTRATS. — Et de quoi vivrons-nous? Nous sommes pauvres.

PÈRE UBU. — Vous aurez les

amendes que vous prononcerez et
les biens des condamnés à mort.

Un Magistrat. — Horreur !

Deuxième. — Infamie !

Troisième. — Scandale !

Quatrième. — Indignité !

Tous. — Nous nous refusons à
juger dans des conditions pareil-
les.

Père Ubu. — A la trappe les
magistrats ! (*Ils se débattent en
vain.*)

Mère Ubu. — Eh ! que fais-tu,
Père Ubu ? Qui rendra maintenant
la justice ?

Père Ubu. — Tiens ! moi. Tu
verras comme ça marchera bien.

Mère Ubu. — Oui, ce sera du
propre.

Père Ubu. — Allons, tais-toi,

bouffresque. Nous allons maintenant, messieurs, procéder aux finances.

FINANCIERS. — Il n'y a rien à changer.

PÈRE UBU. — Comment, je veux tout changer, moi. D'abord, je veux garder pour moi la moitié des impôts.

FINANCIERS. — Pas gêné!

PÈRE UBU. — Messieurs, nous établirons un impôt de dix pour cent sur la propriété, un autre sur le commerce et l'industrie, et un troisième sur les mariages et un quatrième sur les décès, de quinze francs chacun.

PREMIER FINANCIER. — Mais c'est idiot, Père Ubu.

DEUXIÈME FINANCIER. — C'est absurde.

TROISIÈME FINANCIER. — Ça n'a ni queue ni tête.

PÈRE UBU. — Vous vous fichez de moi! Dans la trappe, les financiers! (*On enfourne les financiers.*)

MÈRE UBU. — Mais enfin, Père Ubu, quel roi tu fais, tu massacres tout le monde!

PÈRE UBU. -- Eh merdre!

MÈRE UBU. — Plus de justice, plus de finances!

PÈRE UBU. — Ne crains rien, ma douce enfant, j'irai moi-même, de village en village, recueillir les impôts.

SCÈNE III

Une maison de paysans dans les
environs de Varsovie.
Plusieurs paysans sont assemblés.

Un Paysan, *entrant.* — Ap-
prenez la grande nouvelle. Le roi
est mort, les ducs aussi et le jeune
Bougrelas s'est sauvé avec sa mère
dans les montagnes. De plus, le
Père Ubu s'est emparé du trône.

Un Autre. — J'en sais bien
d'autres. Je viens de Cracovie, où
j'ai vu emporter les corps de plus
de trois cents nobles et de cinq
cents magistrats qu'on a tués, et

il paraît qu'on va doubler les impôts et que le Père Ubu viendra les ramasser lui-même.

Tous. — Grand Dieu! qu'allons-nous devenir? Le Père Ubu est un affreux sagouin et sa famille est, dit-on, abominable.

Un Paysan. — Mais, écoutez : ne dirait-on pas qu'on frappe à la porte ?

Une Voix, *au-dehors*. — Cornegidouille! Ouvrez, de par ma merdre, par saint Jean, saint Pierre et saint Nicolas! ouvrez, sabre à finances, corne finances, je viens chercher les impôts! (*La porte est défoncée, Ubu pénètre suivi d'une légion de grippe-sous.*)

SCÈNE IV

PÈRE UBU. — Qui de vous est le plus vieux ? (*Un paysan s'a-vance.*) Comment te nommes-tu ?

LE PAYSAN. — Stanislas Leczinski.

PÈRE UBU. — Eh bien ! corne-gidouille, écoute-moi bien, sinon ces messieurs te couperont les oreilles. Mais vas-tu m'écouter enfin ?

STANISLAS. — Mais Votre Excellence n'a encore rien dit.

PÈRE UBU. — Comment, je parle depuis une heure. Crois-tu

que je vienne ici pour prêcher dans le désert ?

STANISLAS. — Loin de moi cette pensée.

PÈRE UBU. — Je viens donc te dire, t'ordonner et te signifier que tu aies à produire et exhiber promptement ta finance, sinon tu seras massacré. Allons, messeigneurs les salopins de finance, voiturez ici le voiturin à phynances. (*On apporte le voiturin.*)

STANISLAS. — Sire, nous ne sommes inscrits sur le registre que pour cent cinquante-deux rixdales que nous avons déjà payées, il y aura tantôt six semaines à la saint Matthieu.

PÈRE UBU. — C'est fort possible, mais j'ai changé le gouverne-

ment et j'ai fait mettre dans le
journal qu'on paierait deux fois
tous les impôts et trois fois ceux
qui pourront être désignés ulté-
rieurement. Avec ce système, j'aurai vite fait fortune, alors je tuerai
tout le monde et je m'en irai.

Paysans. — Monsieur Ubu, de
grâce, ayez pitié de nous, nous
sommes de pauvres citoyens.

Père Ubu. — Je m'en fiche.
Payez.

Paysans. — Nous ne pouvons,
nous avons payé.

Père Ubu. — Payez ! ou je vous
mets dans ma poche avec supplice
et décollation du cou et de la tête !
Cornegidouille, je suis le roi peut-
être !

Tous. — Ah ! c'est ainsi ! Aux

armes! Vive Bougrelas, par la grâce de Dieu, roi de Pologne et de Lithuanie!

PÈRE UBU. — En avant, messieurs des Finances, faites votre devoir. (*Une lutte s'engage, la maison est détruite et le vieux Stanislas s'enfuit seul à travers la plaine. Ubu reste à ramasser la finance.*)

SCÈNE V

Une casemate des fortifications de Thorn.

BORDURE *enchaîné*, PÈRE UBU

PÈRE UBU. — Ah ! citoyen, voilà ce que c'est, tu as voulu que je te paye ce que je te devais, alors tu t'es révolté parce que je n'ai pas voulu, tu as conspiré et te voilà coffré. Cornefinance, c'est bien fait et le tour est si bien joué que tu dois toi-même le trouver fort à ton goût.

BORDURE. — Prenez garde, Père Ubu. Depuis cinq jours que vous êtes roi, vous avez commis

plus de meurtres qu'il n'en faudrait pour damner tous les saints
du Paradis. Le sang du roi et des
nobles crie vengeance et ses cris
seront entendus.

Père Ubu. — Eh! mon bel
ami, vous avez la langue fort bien
pendue. Je ne doute pas que si
vous vous échappiez il en pourrait
résulter des complications, mais je
ne crois pas que les casemates de
Thorn aient jamais lâché quel-
qu'un des honnêtes garçons qu'on
leur avait confiés. C'est pourquoi,
bonne nuit, et je vous invite à dormir sur les deux oneilles, bien que
les rats dansent ici une belle sara-
bande.

(*Il sort. Les larbins viennent
verrouiller toutes les portes.*)

SCÈNE VI

Le palais de Moscou.

L'EMPEREUR ALEXIS ET SA COUR, BORDURE

Le Czar Alexis. — C'est vous, infâme aventurier, qui avez coopéré à la mort de notre cousin Venceslas?

Bordure. — Sire, pardonnez-moi, j'ai été entraîné malgré moi par le Père Ubu.

Alexis. — Oh! l'affreux menteur. Enfin, que désirez-vous?

Bordure. — Le père Ubu m'a fait emprisonner sous prétexte de conspiration, je suis parvenu à m'échapper et j'ai couru cinq jours et cinq nuits à cheval à travers les steppes pour venir implorer votre gracieuse miséricorde.

ALEXIS. — Que m'apportes-tu comme gage de ta soumission?

BORDURE. — Mon épée d'aventurier et un plan détaillé de la ville de Thorn.

ALEXIS. — je prends l'épée, mais par saint Georges, brûlez ce plan, je ne veux pas devoir ma victoire à une trahison.

BORDURE. — Un des fils de Venceslas, le jeune Bougrelas, est encore vivant, je ferai tout pour le rétablir,

ALEXIS. — Quel grade avais-tu dans l'armée polonaise?

BORDURE. — Je commandais le
5ᵉ régiment des dragons de Wil-
na et une compagnie franche au
service du Père Ubu.

ALEXIS. — C'est bien, je te
nomme sous-lieutenant au 10ᵉ régiment de Cosaques, et gare à toi
si tu trahis. Si tu te bats bien, tu
seras récompensé.

BORDURE. — Ce n'est pas le courage qui me manque, Sire.

ALEXIS. — C'est bien, disparais
de ma présence.

(Il sort.)

SCÈNE VII

La salle du Conseil d'Ubu.

PÈRE UBU, MÈRE UBU,
CONSEILLERS DE PHYNANCES

PÈRE UBU. — Messieurs, la séance est ouverte et tâchez de bien écouter et de vous tenir tranquilles. D'abord, nous allons faire le chapitre des finances, ensuite nous parlerons d'un petit système que j'ai imaginé pour faire venir le beau temps et conjurer la pluie.

UN CONSEILLER. — Fort bien, monsieur Ubu.

MÈRE UBU. — Quel sot homme !

PÈRE UBU. — Madame de ma merdre, garde à vous, car je ne souffrirai vos sottises. Je vous dirai donc, messieurs, que les finances vont passablement. Un nombre considérable de chiens à bas de laine se répand chaque matin dans les rues et les salopins font merveille. De tous côtés on ne voit que des maisons brûlées et des gens pliant sous le poids de nos phynances.

LE CONSEILLER. — Et les nouveaux impôts, monsieur Ubu, vont-ils bien ?

MÈRE UBU. — Point du tout. L'impôt sur les mariages n'a encore produit que onze sous, et encore le Père Ubu poursuit les gens partout pour les forcer à se marier.

PÈRE UBU. — Sabre à finances,
corne de ma gidouille, madame la
financière, j'ai des oneilles pour
parler et vous une bouche pour
m'entendre. (*Eclats de rire.*) Ou
plutôt non! Vous me faites trom-
per et vous êtes cause que je suis
bête! Mais, corne d'Ubu! (*Un
messager entre.*) Allons, bon, qu'a-
t-il encore, celui-là? Va-t'en, sagouin, ou je te poche avec décollation et torsion des jambes.

MÈRE UBU. — Ah! le voilà
dehors, mais il y a une lettre.

PÈRE UBU. — Lis-la. Je crois
que je perds l'esprit ou que je ne
sais pas lire. Dépêche-toi, bouffresque, ce doit être de Bordure.

MÈRE UBU. — Tout justement.

Il dit que le czar l'a accueilli très bien, qu'il va envahir tes Etats pour rétablir Bougrelas et que toi tu seras tué.

Père Ubu. — Ho! ho! J'ai peur! J'ai peur! Ha! je pense mourir. O pauvre homme que je suis! Que devenir, grand Dieu? Ce méchant homme va me tuer. Saint Antoine et tous les saints, protégez-moi, je vous donnerai de la phynance et je brûlerai des cierges pour vous. Seigneur, que devenir? (*Il pleure et sanglote.*)

Mère Ubu. — Il n'y a qu'un parti à prendre, Père Ubu.

Père Ubu. — Lequel, mon amour?

Mère Ubu. — La guerre!!!

Tous. — Vive Dieu ! Voilà qui est noble !

Père Ubu. — Oui, et je recevrai encore des coups.

Premier Conseiller. — Courons, courons organiser l'armée.

Deuxième. — Et réunir les vivres.

Troisième. — Et préparer l'artillerie et les forteresses.

Quatrième. — Et prendre l'argent pour les troupes.

Père Ubu. — Ah ! non, par exemple. Je vais te tuer toi. Je ne veux pas donner d'argent. En voilà d'une autre ! J'étais payé pour faire la guerre et maintenant il faut la faire à mes dépens. Non, de par ma chandelle verte, faisons

la guerre, puisque vous en êtes
enragés, mais ne déboursons pas
un sou.

Tous. — Vive la guerre !

SCÈNE VIII

Le camp sous Varsovie.

SOLDATS ET PALOTINS. — Vive la Pologne! Vive le Père Ubu!

PÈRE UBU. — Ah! Mère Ubu, donne-moi ma cuirasse et mon petit bout de bois. Je vais être bientôt tellement chargé que je ne saurais marcher si j'étais poursuivi.

MÈRE UBU. — Fi, le lâche!

PÈRE UBU. — Ah! voilà le sabre à merdre qui se sauve et le croc à finances qui ne tient pas!!! Je n'en finirai jamais, et les Russes avancent et vont me tuer.

UN SOLDAT. — Seigneur Ubu, voilà le ciseau à oneilles qui tombe.

PÈRE UBU. — Ji tou tue au moyen du croc à merdre et du couteau à figure.

MÈRE UBU. — Comme il est beau avec son casque et sa cuirasse, on dirait une citrouille armée.

PÈRE UBU. — Ah! maintenant, je vais monter à cheval. Amenez, messieurs, le cheval à phynances.

MÈRE UBU. — Père Ubu, ton cheval ne saurait plus te porter, il n'a rien mangé depuis cinq jours et est presque mort.

PÈRE UBU. — Elle est bonne, celle-là! On me fait payer 12 sous par jour pour cette rosse et elle ne me peut porter. Vous vous fichez, corne d'Ubu, ou bien si vous me volez? (*La Mère Ubu rougit et baisse les yeux.*) Alors, que l'on m'apporte une autre bête, mais je n'irai pas à pied, cornegidouille!

(*On amène un énorme cheval.*)

PÈRE UBU. — Je vais monter dessus. Oh! assis plutôt! car je vais tomber. (*Le cheval part.*) Ah! arrêtez ma bête, grand Dieu, je vais tomber et être mort!!!

MÈRE UBU. — Il est vraiment imbécile. Ah! le voilà relevé. Mais il est tombé par terre.

PÈRE UBU. — Corne physique, je suis à moitié mort! Mais c'est égal, je pars en guerre et je tuerai tout le monde. Gare à qui ne marchera pas droit! Ji lon mets dans ma poche avec torsion du nez et des dents et extraction de la langue.

MÈRE UBU. — Bonne chance, monsieur Ubu !

PÈRE UBU. — J'oubliais de te dire que je te confie la régence. Mais j'ai sur moi le livre des finances, tant pis pour toi si tu me voles. Je te laisse pour t'aider le Palotin Giron. Adieu, Mère Ubu.

MÈRE UBU. — Adieu, Père Ubu. Tue bien le czar.

PÈRE UBU. — Pour sûr. Torsion du nez et des dents, extraction de la langue et enfoncement du petit bout de bois dans les oneilles.

(*L'armée s'éloigne au bruit des fanfares.*)

MÈRE UBU, *seule.* — Maintenant que ce gros pantin est parti, tâchons de faire nos affaires, tuer Bougrelas et nous emparer du trésor.

ACTE IV

SCÈNE PREMIÈRE

*La crypte des anciens
rois de Pologne dans la cathé-
drale de Varsovie.*

MÈRE UBU. — Où donc est ce
trésor ? Aucune dalle ne sonne
creux. J'ai pourtant bien compté
treize pierres après le tombeau de
Ladislas le Grand en allant le
long du mur, et il n'y a rien. Il
faut qu'on m'ait trompée. Voilà
cependant : ici la pierre sonne

113

creux. A l'œuvre, Mère Ubu.
Courage, descellons cette pierre.
Elle tient bon. Prenons ce bout de
croc à finances qui fera encore son
office. Voilà! Voilà l'or au milieu
des ossements des rois. Dans
notre sac, alors, tout! Eh! quel
est ce bruit? Dans ces vieilles
voûtes y aurait-il encore des vivants? Non, ce n'est rien, hâtons-
nous. Prenons tout. Cet argent
sera mieux à la face du jour qu'au
milieu des tombeaux des anciens
princes. Remettons la pierre. Eh
quoi! toujours ce bruit. Ma présence en ces lieux me cause une
étrange frayeur. Je prendrai le
reste de cet or une autre fois, je
reviendrai demain.

Une Voix, *sortant du tombeau*

de *Jean Sigismond*. — Jamais,
Mère Ubu !

*(La mère Ubu se sauve affolée,
emportant l'or volé par la porte
secrète.)*

SCÈNE II

La place de Varsovie.

**BOUGRELAS ET SES PARTISANS,
PEUPLE ET SOLDATS**

BOUGRELAS. — En avant, mes
amis ! Vive Venceslas et la Pologne ! Ce vieux gredin de Père
Ubu est parti, il ne reste plus que
la sorcière de Mère Ubu avec son

Palotin. Je m'offre à marcher à votre tête et à rétablir la race de mes pères.

Tous. — Vive Bougrelas!

Bougrelas. — Et nous supprimerons tous les impôts établis par l'affreux Père Ub.

Tous. — Hurrah! En avant! Courons au palais et massacrons cette engeance.

Bougrelas. — Eh! voilà la Mère Ubu qui sort avec ses gardes sur le perron!

Mère Ubu. — Que voulez-vous, messieurs? Ah! c'est Bougrelas.

(*La foule lance des pierres.*)

Premier Garde. — Tous les carreaux sont cassés.

Deuxième Garde. — Saint Georges, me voilà assommé.

TROISIÈME GARDE. — Cornebleu, je meurs.

BOUGRELAS. — Lancez des pierres, mes amis.

LE PALOTIN GIRON. — Hon! C'est ainsi! (*Il dégaine et se précipite, faisant un carnage épouvantable.*)

BOUGRELAS. — A nous deux! Défends-toi, lâche pistolet!

(*Ils se battent.*)

GIRON. — Je suis mort!

BOUGRELAS. — Victoire, mes amis! Sus à la Mère Ubu!

(*On entend des trompettes.*)

BOUGRELAS. — Ah! voilà les Nobles qui arrivent. Courons, attrapons la mauvaise harpie!

TOUS. — En attendant que nous étranglions le vieux bandit!

(*La Mère Ubu se sauve poursuivie par tous les Polonais. Coups
de fusils et grêle de pierres.*)

SCÈNE III

*L'armée polonaise en marche
dans l'Ukraine.*

PÈRE UBU. — Cornebleu, jambedieu, tête de vache! nous allons périr, car nous mourons de soif et
sommes fatigué. Sire Soldat, ayez
l'obligeance de porter notre casque
à finances, et vous, sire Lancier,
chargez-vous du ciseau à merdre et

du bâton à physique pour soulager notre personne, car, je le répète, nous sommes fatigué. (*Les soldats obéissent.*)

PILE. — Hon! Monsieuye! Il est étonnant que les Russes n'apparaissent point.

PÈRE UBU. — Il est regrettable que l'état de nos finances ne nous permette pas d'avoir une voiture à notre taille; car, par crainte de démolir notre monture, nous avons fait tout le chemin à pied, traînant notre cheval par la bride. Mais quand nous serons de retour en Pologne, nous imaginerons, au moyen de notre science en physique et aidé des lumières de nos conseillers, une voiture à vent pour transporter toute l'armée.

COTICE. — Voilà Nicolas Rensky qui se précipite.

PÈRE UBU. — Et qu'a-t-il, ce garçon?

RENSKY. — Tout est perdu. Sire, les Polonais sont révoltés, Giron est tué et la Mère Ubu est en fuite dans les montagnes.

PÈRE UBU. — Oiseau de nuit, bête de malheur, hibou à guêtres! Où as-tu pêché ces sornettes? En voilà d'une autre! Et qui a fait ça? Bougrelas, je parie. D'où viens-tu?

RENSKY. — De Varsovie, noble Seigneur.

PÈRE UBU. — Garçon de ma merdre, si je t'en croyais je ferais rebrousser chemin à toute l'armée. Mais, Seigneur garçon, il y a sur

tes épaules plus de plumes que de
cervelle et tu as rêvé des sottises.
Va aux avant-postes, mon garçon,
les Russes ne sont pas loin et
nous aurons bientôt à estocader
de nos armes, tant à merdre qu'à
phynances et à physique.

LE GÉNÉRAL LASCY. — Père
Ubu, ne voyez-vous pas dans la
plaine les Russes?

PÈRE UBU. — C'est vrai, les
Russes! Me voilà joli. Si encore
il y avait moyen de s'en aller,
mais pas du tout, nous sommes
sur une hauteur et nous serons en
butte à tous les coups.

L'ARMÉE. — Les Russes! L'ennemi!

PÈRE UBU. — Allons, mes-
sieurs, prenons nos dispositions

pour la bataille. Nous allons rester sur la colline et ne commet-
trons point la sottise de descendre en bas. Je me tiendrai au
milieu comme une citadelle vi-
vante et vous autres graviterez
autour de moi. J'ai à vous recom-
mander de mettre dans les fusils
autant de balles qu'ils en pourront tenir, car 8 balles peuvent
tuer 8 Russes et c'est autant que
je n'aurai pas sur le dos. Nous
mettrons les fantassins à pied au
bas de la colline pour recevoir les
Russes et les tuer un peu, les cavaliers derrière pour se jeter dans la
confusion, et l'artillerie autour du
moulin à vent ici présent pour
tirer dans le tas. Quant à nous,
nous nous tiendrons dans le mou-

lin à vent et tirerons avec le pistolet à phynances par la fenêtre, en
travers de la porte nous placerons
le bâton à physique, et si quel-
qu'un essaye d'entrer gare au croc
à merdre ! ! !

OFFICIERS. — Vos ordres, Sire
Ubu, seront exécutés.

PÈRE UBU. — Eh ! cela va bien,
nous serons vainqueurs. Quelle
heure est-il ?

LE GÉNÉRAL LASCY. — Onze
heures du matin.

PÈRE UBU. — Alors, nous allons
dîner, car les Russes n'attaqueront
pas avant midi. Dites aux soldats,
Seigneur Général, de faire leurs
besoins et d'entonner la Chanson
à Finances.

(*Lascy s'en va.*)

SOLDATS ET PALOTINS. — Vive
le Père Ubu, notre grand Financier ! Ting, ting, ting ; ting, ting,
ting ; ting, ting, tating !

PÈRE UBU. — O les braves gens,
je les adore ! (*Un boulet russe arrive et casse l'aile du moulin.*) Ah !
j'ai peur, sire Dieu, je suis mort !
et cependant, non, je n'ai rien.

SCÈNE IV

LES MÊMES, UN CAPITAINE
PUIS L'ARMÉE RUSSE

UN CAPITAINE, *arrivant*. — Sire Ubu, les Russes attaquent.

PÈRE UBU. — Eh bien! après, que veux-tu que j'y fasse? Ce n'est pas moi qui le leur ai dit. Cependant, messieurs des Finances, préparons-nous au combat.

LE GÉNÉRAL LASCY. — Un second boulet!

PÈRE UBU. — Ah! je n'y tiens plus. Ici il pleut du plomb et du fer, et nous pourrions endomma-

125

ger notre précieuse personne. Descendons. (*Tous descendent au pas de course. La bataille vient de s'engager. Ils disparaissent dans des torrents de fumée au pied de la colline.*)

Un Russe, *frappant*. — Pour Dieu et le Czar !

Rensky. — Ah ! je suis mort.

Père Ubu. — En avant ! Ah ! toi, monsieur, que je t'attrape, car tu m'as fait mal, entends-tu ? sac à vin ! avec ton flingot qui ne part pas.

Le Russe. — Ah ! voyez-vous ça. (*Il lui tire un coup de revolver.*)

Père Ubu. — Ah ! Oh ! Je suis blessé, je suis troué, je suis perforé, je suis administré, je suis enterré. Oh ! mais tout de même ! Ah ! je le

tiens. (*Il le déchire.*) Tiens! recom-
menceras-tu, maintenant!

Le Général Lascy. — En avant,
poussons vigoureusement, passons
le fossé. La victoire est à nous.

Père Ubu. — Tu crois? Jusqu'ici je sens sur mon front plus
de bosses que de lauriers.

Cavaliers Russes. — Hurrah!
Place au Czar!

(*Le Czar arrive, accompagné de
Bordure, déguisé.*)

Un Polonais. — Ah! Seigneur!
Sauve qui peut, voilà le Czar!

Un Autre. — Ah! mon Dieu!
il passe le fossé.

Un Autre. — Pif! Paf! en voilà quatre d'assommés par ce grand
bougre de lieutenant.

Bordure. — Ah! vous n'avez

pas fini, vous autres ! Tiens, Jean Sobiesky, voilà ton compte ! (*Il l'assomme.*) A d'autres, maintenant ! (*Il fait un massacre de Polonais.*)

Père Ubu. — En avant, mes amis ! Attrapez ce bélître ! En compote les Moscovites ! La victoire est à nous. Vive l'Aigle rouge !

Tous. — En avant ! Hurrah ! Jambedieu ! Attrapez le grand bougre.

Bordure. — Par saint Georges, je suis tombé.

Père Ubu, *le reconnaissant.* — Ah ! c'est toi, Bordure ! Ah ! mon ami. Nous sommes bien heureux, ainsi que toute la compagnie, de te retrouver. Je vais te faire cuire à petit feu. Messieurs

des Finances, allumez du feu. Oh!
Ah! Oh! Je suis mort. C'est au
moins un coup de canon que j'ai
reçu. Ah! mon Dieu, pardonnez-
moi mes péchés. Oui, c'est bien un
coup de canon.

BORDURE. — C'est un coup de
pistolet chargé à poudre.

PÈRE UBU. — Ah! tu te moques
de moi! Encore! A la poche! (*Il
se rue sur lui et le déchire.*)

LE GÉNÉRAL LASCY. — Père
Ubu, nous avançons partout.

PÈRE UBU. — Je le vois bien.
Je n'en peux plus, je suis criblé de
coups de pied, je voudrais m'as-
seoir par terre. Oh! ma bouteille!

LE GÉNÉRAL LASCY. — Allez
prendre celle du Czar, Père Ubu.

129

9

Père Ubu. — Eh! J'y vais de
ce pas. Allons! Sabre à merdre,
fais ton office, et toi, croc à
finances, ne reste pas en arrière!
Que le bâton à physique travaille
d'une généreuse émulation et par-
tage avec le petit bout de bois
l'honneur de massacrer, creuser et
exploiter l'Empereur moscovite. En
avant, Monsieur notre cheval à
finances! (*Il se rue sur le Czar.*)

Un Officier russe. — En
garde, Majesté!

Père Ubu. — Tiens, toi! oh!
aïe! Ah! mais tout de même. Ah!
monsieur, pardon, laissez-moi tran-
quille. Oh! mais, je n'ai pas fait
exprès! (*Il se sauve. Le Czar le
poursuit.*)

Père Ubu. — Sainte Vierge, cet

enragé me poursuit! Qu'ai-je fait,
grand Dieu! Ah! bon, il y a encore
le fossé à repasser. Ah! je le sens
derrière moi et le fossé devant!
Courage, fermons les yeux! (*Il
saute le fossé. Le Czar y tombe.*)

LE CZAR. — Bon, je suis dedans!

POLONAIS. — Hurrah! le Czar
est à bas!

PÈRE UBU. — Ah! j'ose à peine
me retourner! Il est dedans. Ah!
c'est bien fait et on tape dessus.
Allons, Polonais, allez-y à tour de
bras, il a bon dos, le misérable!
Moi, je n'ose pas le regarder! Et
cependant, notre prédiction s'est
complètement réalisée, le bâton à
physique a fait merveilles et nul
doute que je ne l'eusse complète-

ment tué si une inexplicable terreur n'était venue combattre et annuler en nous les effets de notre courage. Mais nous avons dû soudainement tourner casaque, et nous n'avons dû notre salut qu'à notre habileté comme cavalier ainsi qu'à la solidité des jarrets de notre cheval à finances, dont la rapidité n'a d'égale que la solidité et dont la légèreté fait la célébrité, ainsi qu'à la profondeur du fossé qui s'est trouvé fort à propos sous les pas de l'ennemi de nous l'ici présent Maître des Phynances. Tout ceci est fort beau, mais personne ne m'écoute. Allons! bon, ça recommence!

(Les dragons russes font une charge et délivrent le Czar.)

LE GÉNÉRAL LASCY. — Cette fois, c'est la débandade.

PÈRE UBU. — Ah! voici l'occasion de se tirer des pieds. Or donc, messieurs les Polonais, en avant! ou plutôt en arrière!

POLONAIS. — Sauve qui peut!

PÈRE UBU. — Allons! en route. Quel tas de gens, quelle fuite, quelle multitude, comment me tirer de ce gâchis? (*Il est bousculé.*) Ah! mais toi! fais attention, ou tu vas expérimenter la bouillante valeur du Maître des Phynances. Ah! il est parti, sauvons-nous et vivement pendant que Lascy ne nous voit pas. (*Il sort, ensuite on voit passer le Czar et l'armée russe poursuivant les Polonais.*)

SCÈNE V

Une caverne en Lithuanie.
Il neige.

PÈRE UBU, PILE, COTICE.

PÈRE UBU. — Ah! le chien de temps, il gèle à pierre fendre et la personne du Maître des Finances s'en trouve fort endommagée.

PILE. — Hon! Monsieuye Ubu, êtes-vous remis de votre terreur et de votre fuite?

PÈRE UBU. — Oui! Je n'ai plus peur, mais j'ai encore la fuite.

COTICE, *à part.* — Quel pourceau!

134

PÈRE UBU. — Eh ! Sire Cotice, votre oneille, comment va-t-elle ?

COTICE. — Aussi bien, Monsieuye, qu'elle peut aller tout en allant très mal. Par conséiquent de quoye, le plomb la penche vers la terre et je n'ai pu extraire la balle.

PÈRE UBU. — Tiens, c'est bien fait ! Toi, aussi, tu voulais toujours taper les autres. Moi, j'ai déployé la plus grande valeur, et sans m'exposer j'ai massacré quatre ennemis de ma propre main, sans compter tous ceux qui étaient déjà morts et que nous avons achevés.

COTICE. — Savez-vous, Pile, ce qu'est devenu le petit Rensky ?

PILE. — Il a reçu une balle dans la tête.

PÈRE UBU. — Ainsi que le co-

quelicot et le pissenlit à la fleur de
leur âge sont fauchés par l'impi-
toyable faucheur qui fauche impi-
toyablement leur pitoyable binette,
ainsi le petit Rensky a fait le
coquelicot, il s'est fort bien battu
cependant, mais aussi, il y avait
trop de Russes.

PILE ET COTICE. — Hon! Monsieuye!

UN ECHO. — Hhrron!

PILE. — Qu'est-ce? Armons-
nous de nos lumelles.

PÈRE UBU. — Ah! non! par
exemple, encore des Russes, je
parie! J'en ai assez! et puis c'est
bien simple, s'ils m'attrapent ji
lon fous à la poche.

SCÈNE VI

LES MÊMES. *Entre un ours.*

COTICE. — Hon, Monsieuye des Finances!

PÈRE UBU. — Oh! tiens, regardez donc le petit toutou. Il est gentil, ma foi.

PILE. — Prenez garde! Ah! quel énorme ours! Mes cartouches!

PÈRE UBU. — Un ours! Ah! l'atroce bête. Oh! pauvre homme, me voilà mangé. Que Dieu me protège! Et il vient sur moi. Non, c'est Cotice qu'il attrape. Ah! je respire. (*L'ours se jette sur Cotice. Pile l'attaque à coups de couteau. Ubu se réfugie sur un rocher.*)

COTICE. — A moi, Pile! à moi! au secours, Monsieuye Ubu!

PÈRE UBU. — Bernique! Débrouille-toi, mon ami; pour le moment, nous faisons notre Pater Noster. Chacun son tour d'être mangé.

PILE. — Je l'ai, je le tiens.

COTICE. — Ferme, ami, il commence à me lâcher.

PÈRE UBU. — Sanctificetur nomen tuum.

COTICE. — Lâche bougre!

PILE. — Ah! il me mord! O Seigneur, sauvez-nous, je suis mort.

PÈRE UBU. — Fiat voluntas tua!

COTICE. — Ah! j'ai réussi à le blesser.

PILE. — Hurrah! il perd son sang. (*Au milieu des cris des Palotins, l'ours beugle de douleur et Ubu continue à marmotter.*)

COTICE. — Tiens-le ferme, que j'attrape mon coup-de-poing explosif.

PÈRE UBU. — Panen nostrum quotidianum da nobis hodie.

PILE. — L'as-tu enfin? je n'en peux plus.

PÈRE UBU. — Sicut et nos dimittimus debitoribus nostris.

COTICE. — Ah! je l'ai. (*Une explosion retentit et l'ours tombe mort.*)

PILE ET COTICE. — Victoire!

PÈRE UBU. — Sed libera nos a

139

malo. Amen. Enfin, est-il bien mort ? Puis-je descendre de mon rocher ?

PILE, *avec mépris.* — Tant que vous voudrez.

PÈRE UBU, *descendant.* — Vous pouvez vous flatter que si vous êtes encore vivants et si vous foulez encore la neige de Lithuanie, vous le devez à la vertu magnanime du Maître des Finances, qui s'est évertué, échiné et égosillé à débiter des patenôtres pour votre salut, et qui a manié avec autant de courage le glaive spirituel de la prière que vous avez manié avec adresse le temporel de l'ici présent Palotin Cotice coup-de-poing explosif. Nous avons même poussé plus loin notre dévouement, car nous n'avons pas hésité à monter sur un rocher plus fort pour que nos prières aient moins loin à arriver au ciel.

PILE. — Révoltante bourrique !

PÈRE UBU. — Voici une grosse bête. Grâce à moi, vous avez de quoi souper. Quel ventre, messieurs ! Les Grecs y auraient été plus à l'aise que dans le cheval de bois, et peu s'en est fallu, chers amis, que nous n'ayons pu aller vérifier de nos propres yeux sa capacité intérieure.

PILE. — Je meurs de faim. Que manger ?

COTICE. — L'ours !

PÈRE UBU. — Eh ! pauvres gens, allez-vous le manger tout cru ?

Nous n'avons rien pour faire du feu.

PILE. — N'avons-nous pas nos pierres à fusil ?

PÈRE UBU. — Tiens, c'est vrai. Et puis, il me semble que voilà non loin d'ici un petit bois où il doit y avoir des branches sèches. Va en chercher, Sire Cotice. (*Cotice s'éloigne à travers la neige.*)

PILE. — Et maintenant, Sire Ubu, allez dépecer l'ours.

PÈRE UBU. — Oh non ! Il n'est peut-être pas mort. Tandis que toi, qui es déjà à moitié mangé et mordu de toutes parts, c'est tout à fait dans ton rôle. Je vais allumer du feu en attendant qu'il apporte du bois. (*Pile commence à dépecer l'ours.*)

PÈRE UBU. — Oh! prends garde! il a bougé.

PILE. — Mais, Sire Ubu, il est déjà froid.

PÈRE UBU. — C'est dommage, il aurait mieux valu le manger chaud. Ceci va procurer une indigestion au Maître des Finances.

PILE, *à part*. — C'est révoltant. (*Haut.*) Aidez-nous un peu, monsieur Ubu, je ne puis faire toute la besogne.

PÈRE UBU. — Non, je ne veux rien faire, moi! Je suis fatigué, bien sûr!

COTICE, *rentrant*. — Quelle neige, mes amis, on se dirait en Castille ou au pôle Nord. La nuit commence à tomber. Dans une

heure, il fera noir. Hâtons-nous
pour voir encore clair.

PÈRE UBU. — Oui, entends-tu,
Pile? hâte-toi. Hâtez-vous tous les
deux! Embrochez la bête, cuisez la
bête, j'ai faim, moi!

PILE. — Ah! c'est trop fort, à la
fin! Il faudra travailler ou bien tu
n'auras rien, entends-tu, goinfre!

PÈRE UBU. — Oh! ça m'est égal,
j'aime autant le manger tout cru,
c'est vous qui serez bien attrapés.
Et puis, j'ai sommeil, moi!

COTICE. — Que voulez-vous,
Pile? Faisons le dîner tout seuls.
Il n'en aura pas, voilà tout. Ou
bien, on pourra lui donner les os.

PILE. — C'est bien. Ah, voilà le
feu qui flambe.

PÈRE UBU. — Oh ! c'est bon, ça ; il fait chaud maintenant. Mais je vois des Russes partout. Quelle fuite, grand Dieu ! Ah ! (*Il tombe endormi.*)

COTICE. — Je voudrais savoir si ce que disait Rensky est vrai, si la Mère Ubu est vraiment détrônée. Ça n'aurait rien d'impossible.

PILE. — Finissons de faire le souper.

COTICE. — Non, nous avons à parler de choses plus importantes. Je pense qu'il serait bon de nous enquérir de la véracité de ces nouvelles.

PILE. — C'est vrai, faut-il abandonner le Père Ubu ou rester avec lui ?

COTICE. — La nuit porte conseil.

145

Dormons, nous verrons demain ce qu'il faut faire.

PILE. — Non, il vaut mieux profiter de la nuit pour nous en aller.

COTICE. — Partons, alors.

(Ils partent.)

SCÈNE VII

UBU, *parle en dormant.* — Ah !
Sire Dragon russe, faites atten-
tion, ne tirez pas par ici, il y a du
monde. Ah ! voilà Bordure, qu'il
est mauvais, on dirait un ours. Et
Bougrelas qui vient sur moi !
L'ours, l'ours ! Ah ! Le voilà à
bas ! qu'il est dur, grand Dieu ! Je
ne veux rien faire, moi ! Va-t'en,
Bougrelas ! Entends-tu, drôle ?
Voilà Rensky maintenant, et le
Czar ! Oh ! ils vont me battre. Et

la Rbue! Où as-tu pris tout cet
or? Tu m'as pris mon or, misérable, tu as été farfouiller dans
mon tombeau qui est dans la cathé-
drale de Varsovie, près de la
Lune. Je suis mort depuis longtemps, moi, c'est Bougrelas qui
m'a tué et je suis enterré à Varsovie près de Vladislas le Grand,
et aussi à Cracovie près de Jean
Sigismond, et aussi à Thorn dans
la casemate avec Bordure! Le
voilà encore. Mais va-t'en, maudit
ours! Tu ressembles à Bordure.
Entends-tu, bête de Satan? Non,
il n'entend pas, les Salopins lui
ont coupé les oneilles. Décervelez,
tudez, coupez les oneilles, arrachez
les finances et buvez jusqu'à la
mort, c'est la vie des Salopins,

c'est le bonheur du Maître des Finances.

       (Il se tait et dort.)

ACTE V

SCÈNE PREMIÈRE

Il fait nuit, LE PÈRE UBU *dort. Entre* LA MÈRE UBU *sans le voir. L'obscurité est complète.*

MÈRE UBU. — Enfin, me voilà à l'abri. Je suis seule ici, ce n'est pas dommage, mais quelle course effrénée : traverser toute la Pologne en quatre jours! Tous les malheurs m'ont assaillie à la fois. Aussitôt partie cette grosse bourrique, je vais à la crypte m'enrichir. Bientôt après, je manque

d'être lapidée par ce Bougrelas et
ces enragés. Je perds mon cavalier
le Palotin Giron qui était si amoureux de mes attraits qu'il se pâ-
mait d'aise en me voyant, et même,
m'a-t-on assuré, en ne me voyant
pas, ce qui est le comble de la ten-
dresse. Il se serait fait couper en
deux pour moi, le pauvre garçon.
La preuve, c'est qu'il a été coupé
en quatre par Bougrelas. Pif paf
pan ! Ah ! je pense mourir. Ensuite
donc, je prends la fuite, poursuivie par la foule en fureur. Je
quitte le palais, j'arrive à la Vistule, tous les ponts étaient gardés.
Je passe le fleuve à la nage, espé-
rant ainsi lasser mes persécuteurs.
De tous côtés la noblesse se ras-
semble et me poursuit. Je manque

mille fois périr, étouffée dans
un cercle de Polonais acharnés à
me perdre. Enfin je trompai leur
fureur, et après quatre jours de
courses dans la neige de ce qui fut
mon royaume, j'arrive me réfugier
ici. Je n'ai ni bu ni mangé ces
quatre jours. Bougrelas me serrait
de près... Enfin, me voilà sauvée.
Ah! je suis morte de fatigue et de
froid. Mais je voudrais bien savoir
ce qu'est devenu mon gros poli-
chinelle, je veux dire mon très res-
pectable époux. Lui en ai-je pris
de la finance! Lui en ai-je volé,
des rixdales! Lui en ai-je tiré, des
carottes! Et son cheval à finances
qui mourait de faim : il ne voyait
pas souvent d'avoine, le pauvre
diable. Ah! la bonne histoire. Mais

hélas! j'ai perdu mon trésor! Il est à Varsovie, ira le chercher qui voudra.

PÈRE UBU, *commençant à se réveiller.* — Attrapez la Mère Ubu, coupez les oneilles!

MÈRE UBU. — Ah! Dieu! où suis-je? Je perds la tête. Ah! non, Seigneur!

> *Grâce au ciel, j'entrevoi*
> *Monsieur le Père Ubu qui dort*
> *[auprès de moi.*

Faisons la gentille. Eh bien, mon gros bonhomme, as-tu bien dormi?

PÈRE UBU. — Fort mal! Il était bien dur cet ours!

Combat de voraces contre les coriaces, mais les voraces ont com-

plètement mangé et dévoré les coriaces comme vous le verrez quand
il fera jour. Entendez-vous, nobles
Palotins ?

MÈRE UBU. — Qu'est-ce qu'il
bafouille ? Il est encore plus bête
que quand il est parti. A qui en
a-t-il ?

PÈRE UBU. — Cotice, Pile, ré-
pondez-moi, sac à merdre ! Où
êtes-vous ! Ah ! j'ai peur. Mais
enfin on a parlé. Qui a parlé ? Ce
n'est pas l'ours, je suppose.
Merdre ! Où sont mes allumettes ?
Ah ! je les ai perdues à la bataille.

MÈRE UBU, *à part*. — Profitons
de la situation et de la nuit, simu-
lons une apparition surnaturelle
et faisons-lui promettre de nous
pardonner nos larcins.

Père Ubu. — Mais, par saint Antoine! on parle! Jambedieu! Je veux être pendu!

Mère Ubu, *grossissant sa voix.* — Oui, monsieur Ubu, on parle, en effet, et la trompette de l'archange qui doit tirer les morts de la cendre et de la poussière finale ne parlerait pas autrement! Ecoutez cette voix sévère. C'est celle de saint Gabriel qui ne peut donner que de bons conseils.

Père Ubu. — Oh! ça, en effet!

Mère Ubu. — Ne m'interrompez pas ou je me tais et c'en sera fait de votre giborgne!

Père Ubu. — Ah! ma gidouille! Je me tais, je ne dis plus mot. Continuez, Madame l'Apparition!

Mère Ubu. — Nous disions,

monsieur Ubu, que vous étiez un gros bonhomme !

PÈRE UBU. — Très gros, en effet, ceci est juste.

MÈRE UBU. — Taisez-vous, de par Dieu !

PÈRE UBU. — Oh ! les anges ne jurent pas !

MÈRE UBU. — (*A part.*) Merdre ! (*Continuant.*) Vous êtes marié, monsieur Ubu ?

PÈRE UBU. — Parfaitement, à la dernières des chipies !

MÈRE UBU. — Vous voulez dire que c'est une femme charmante.

PÈRE UBU. — Une horreur. Elle a des griffes partout, on ne sait par où la prendre.

MÈRE UBU. — Il faut la prendre

par la douceur, sire Ubu, et si vous la prenez ainsi vous verrez qu'elle est au moins l'égale de la Vénus de Capoue.

Père Ubu. — Qui dites-vous qui a des poux?

Mère Ubu. — Vous n'écoutez pas, monsieur Ubu, prêtez-nous une oreille plus attentive. (*A part.*) Mais hâtons-nous, le jour va se lever. Monsieur Ubu, votre femme est adorable et délicieuse, elle n'a pas un seul défaut.

Père Ubu. — Vous vous trompez, il n'y a pas un défaut qu'elle ne possède.

Mère Ubu. — Silence donc! Votre femme ne vous fait pas d'infidélités!

Père Ubu. — Je voudrais bien

voir qui pourrait être amoureux
d'elle. C'est une harpie !

Mère Ubu. — Elle ne boit pas !

Père Ubu. — Depuis que j'ai
pris la clef de la cave. Avant, à
huit heures du matin elle était
ronde et elle se parfumait à l'eau-
de-vie. Maintenant qu'elle se par-
fume à l'héliotrope elle ne sent
pas plus mauvais. Ça m'est égal.
Mais maintenant il n'y a plus que
moi à être rond !

Mère Ubu. — Sot personnage !
Votre femme ne vous prend pas
votre or.

Père Ubu. — Non, c'est drôle !

Mère Ubu. — Elle ne détourne
pas un sou !

Père Ubu. — Témoin monsieur
notre noble et infortuné cheval à

Phynances, qui, n'étant pas nourri depuis trois mois, a dû faire la campagne entière traîné par la bride à travers l'Ukraine. Aussi est-il mort à la tâche, la pauvre bête !

MÈRE UBU. — Tout ceci sont des mensonges, votre femme est un modèle, et vous, quel monstre vous faites !

PÈRE UBU. — Tout ceci sont des vérités. Ma femme est une coquine, et vous, quelle andouille vous faites !

MÈRE UBU. — Prenez garde, Père Ubu !

PÈRE UBU. — Ah ! c'est vrai, j'oubliais à qui je parlais. Non, je n'ai pas dit ça !

MÈRE UBU. — Vous avez tué Venceslas.

PÈRE UBU. — Ce n'est pas ma faute, moi, bien sûr. C'est la Mère Ubu qui a voulu.

MÈRE UBU. — Vous avez fait mourir Boleslas et Ladislas.

PÈRE UBU. — Tant pis pour eux! Ils voulaient me taper!

MÈRE UBU. — Vous n'avez pas tenu votre promesse envers Bordure et, plus tard, vous l'avez tué.

PÈRE UBU. — J'aime mieux que ce soit moi que lui qui règne en Lithuanie. Pour le moment, ça n'est ni l'un ni l'autre. Ainsi, vous voyez que ce n'est pas moi.

MÈRE UBU. — Vous n'avez qu'une manière de vous faire pardonner tous vos méfaits.

PÈRE UBU. — Laquelle? Je suis tout disposé à devenir un saint homme, je veux être évêque et voir mon nom sur le calendrier.

MÈRE UBU. — Il faut pardonner à la Mère Ubu d'avoir détourné un peu d'argent.

PÈRE UBU. — Eh bien, voilà! Je lui pardonnerai quand elle m'aura rendu tout, qu'elle aura été bien rossée et qu'elle aura ressuscité mon cheval à finances.

MÈRE UBU. — Il en est toqué de son cheval! Ah! je suis perdue, le jour se lève.

PÈRE UBU. — Mais enfin je suis content de savoir maintenant assurément que ma chère épouse me volait. Je le sais maintenant de source sûre. Omnis a Deo scientia,

ce qui veut dire : omnis, toute ;
a Deo, science ; scientia, vient de
Dieu. Voilà l'explication du phé-
nomène. Mais Madame l'Apparition ne dit plus rien ! Que ne puis-
je lui offrir de quoi se réconforter !
Ce qu'elle disait était très amu-
sant. Tiens, mais il fait jour ! Ah !
Seigneur, de par mon cheval à
finances, c'est la Mère Ubu !

Mère Ubu, *effrontément.* — Ça
n'est pas vrai, je vais vous excom-
munier.

Père Ubu. — Ah ! charogne !

Mère Ubu. — Quelle impiété !

Père Ubu. — Ah ! c'est trop
fort. Je vois bien que c'est toi,
sotte chipie ! Pourquoi diable es-
tu ici ?

Mère Ubu. — Giron est mort et les Polonais m'ont chassée.

Père Ubu. — Et moi, ce sont les Russes qui m'ont chassé : les beaux esprits se rencontrent.

Mère Ubu. — Dis donc qu'un bel esprit a rencontré une bourrique !

Père Ubu. — Ah ! eh bien, il va rencontrer un palmipède maintenant. (*Il lui jette l'ours.*)

Mère Ubu, *tombant accablée sous le poids de l'ours.* — Ah ! grand Dieu ! Quelle horreur ! Ah ! je meurs ! J'étouffe ! il me mord ! Il m'avale ! il me digère !

Père Ubu. — Il est mort, grotesque ! Oh ! mais, au fait, peut-être que non ! Ah ! Seigneur ! non, il n'est pas mort, sauvons-nous.

(*Remontant sur son rocher.*) Pater noster qui es...

MÈRE UBU, *se débarrassant.* — Tiens! où est-il?

PÈRE UBU. — Ah! Seigneur! la voilà encore! Sotte créature, il n'y a donc pas moyen de se débarrasser d'elle? Est-il mort, cet ours?

MÈRE UBU. — Eh oui, sotte bourrique, il est déjà tout froid. Comment est-il venu ici?

PÈRE UBU, *confus.* — Je ne sais pas. Ah! si, je sais! Il a voulu manger Pile et Cotice et moi je l'ai tué d'un coup de Pater Noster.

MÈRE UBU. — Pile, Cotice, Pater Noster! Qu'est-ce que c'est que ça? Il est fou, ma finance!

PÈRE UBU. — C'est très exact

ce que je dis! Et toi tu es idiote,
ma giborgne!

Mère Ubu. — Raconte-moi ta
campagne, Père Ubu.

Père Ubu. — Oh! dame, non!
C'est trop long. Tout ce que je
sais, c'est que malgré mon incon-
testable vaillance tout le monde
m'a battu.

Mère Ubu. — Comment, même
les Polonais?

Père Ubu. — Ils criaient :
Vivent Venceslas et Bougrelas!
J'ai cru qu'on voulait m'écarteler.
Oh! les enragés! Et puis ils ont
tué Rensky!

Mère Ubu. — Ça m'est bien
égal! Tu sais que Bougrelas a tué
le Palotin Giron!

Père Ubu. — Ça m'est bien

égal ! Et puis, ils ont tué le pauvre Lascy !

Mère Ubu. — Ça m'est bien égal !

Père Ubu. — Oh ! mais tout de même, arrive ici, charogne ! Mets-toi à genoux devant ton maître. (*Il l'empoigne et la jette à genoux.*) Tu va subir le dernier supplice.

Mère Ubu. — Ho, ho, monsieur Ubu !

Père Ubu. — Oh ! oh ! oh ! après, as-tu fini ? Moi je commence : torsion du nez, arrachement des cheveux, pénétration du petit bout de bois dans les oneilles, extraction de la cervelle par les talons, lacération du postérieur, suppression partielle ou même totale de la moelle épinière (si au moins ça pouvait lui ôter les épines du caractère), sans oublier l'ouverture de la vessie natatoire et finalement la grande décollation renouvelée de saint Jean-Baptiste, le tout tiré des très saintes Ecritures, tant de l'Ancien que du Nouveau Testament, mis en ordre, corrigé et perfectionné par l'ici présent Maître des Finances ! Ça te va-t-il, andouille ?

(Il la déchire.)

MÈRE UBU. — Grâce, monsieur Ubu !

(Grand bruit à l'entrée de la caverne.)

SCÈNE II

LES MÊMES, BOUGRELAS
se ruant dans la caverne avec ses soldats.

BOUGRELAS. — En avant, mes amis! Vive la Pologne!

PÈRE UBU. — Oh! Oh! attends un peu, monsieur le Polognard. Attends que j'en aie fini avec madame ma moitié!

BOUGRELAS, *le frappant.* — Tiens, lâche, gueux, sacripant, mécréant, musulman!

Père Ubu, *ripostant*. — Tiens ! Polognard, soûlard, bâtard, hussard, tartare, calard, cafard, mouchard, savoyard, communard !

Mère Ubu, *le battant aussi.* — Tiens, capon, cochon, félon, histrion, fripon, souillon, polochon ! (*Les soldats se ruent sur les Ubs qui se défendent de leur mieux.*)

Père Ubu. — Dieux ! Quels renfoncements !

Mère Ubu. — On a des pieds, messieurs les Polonais.

Père Ubu. — De par ma chandelle verte, ça va-t-il finir, à la fin de la fin ? Encore un ! Ah ! si j'avais ici mon cheval à phynances !

Bougrelas. — Tapez, tapez toujours !

Voix au dehors. — Vive le Père Ubu, notre grand financier !

Père Ubu. — Ah ! les voilà. Hurrah ! Voilà les Pères Ubus. En avant, arrivez, on a besoin de vous, messieurs des Finances !

(*Entrent les Palotins qui se jettent dans la mêlée.*)

Cotice. — A la porte, les Polonais !

Pile. — Hon ! nous nous revoyons, Monsieuye des Finances. En avant, poussez vigoureusement, gagnez la porte ; une fois dehors, il n'y aura plus qu'à se sauver.

Père Ubu. — Oh ! ça, c'est mon plus fort. Oh ! comme il tape !

Bougrelas. — Dieu ! je suis blessé.

STANISLAS LECZINSKI. — Ce n'est rien, Sire.

BOUGRELAS. — Non, je suis seulement étourdi.

JEAN SOBIESKI. — Tapez, tapez toujours, ils gagnent la porte, les gueux.

COTICE. — On approche, suivez le monde. Par conséiquent de quoye, je vois le ciel.

PILE. — Courage, sire Ubu !

PÈRE UBU. — Ah ! j'en fais dans ma culotte. En avant, cornegidouille ! Tudez, saignez, écorchez, massacrez, corne d'Ubu ! Ah ! ça diminue !

COTICE. — Il n'y en a plus que deux à garder la porte.

PÈRE UBU, *les assommant à coups d'ours.* — Et d'un, et de

deux! Ouf! me voilà dehors!
Sauvons-nous! Suivez, les autres,
et vivement!

SCÈNE III

*La scène représente la province de Livonie
couverte de neige. LES UBS et leur suite
en fuite.*

PÈRE UBU. — Ah! je crois qu'ils
ont renoncé à nous attraper.

MÈRE UBU. — Oui, Bougrelas
est allé se faire couronner.

PÈRE UBU. — Je ne la lui envie
pas, sa couronne.

MÈRE UBU. — Tu as bien raison, Père Ubu.

(*Ils disparaissent dans le lointain.*)

SCÈNE IV

Le pont d'un navire courant au plus près sur la Baltique. Sur le pont LE PÈRE UBU *et toute sa bande.*

LE COMMANDANT. — Ah! quelle belle brise!

PÈRE UBU. — Il est de fait que nous filons avec une rapidité qui

174

tient du prodige. Nous devons faire au moins un million de nœuds à l'heure, et ces nœuds ont ceci de bon qu'une fois faits ils ne se défont pas. Il est vrai que nous avons vent arrière.

PILE. — Quel triste imbécile! (*Une risée arrive, le navire couche et blanchit la mer.*)

PÈRE UBU. — Oh! Ah! Dieu! nous voilà chavirés. Mais il va tout de travers, il va tomber, ton bateau.

LE COMMANDANT. — Tout le monde sous le vent, bordez la misaine!

PÈRE UBU. — Ah! mais non, par exemple, ne vous mettez pas tous du même côté! C'est imprudent, ça. Et supposez que le vent vienne à changer de côté : tout le monde irait au fond de l'eau et les poissons nous mangeront.

Le Commandant. — N'arrivez pas, serrez près et plein !

Père Ubu. — Si ! Si ! Arrivez. Je suis pressé, moi ! Arrivez, entendez-vous ! C'est ta faute, brute de capitaine, si nous n'arrivons pas. Nous devrions être arrivés. Oh oh, mais je vais commander, moi, alors ! Pare à virer ! A Dieu vat ! Mouillez, virez vent devant, virez vent arrière. Hissez les voiles, serrez les voiles, la barre dessus, la barre dessous, la barre à côté. Vous voyez, ça va très bien. Venez en travers à la lame et alors ce sera parfait.

(*Tous se tordent, la brise fraî-
chit.*)

LE COMMANDANT. — Amenez le
grand foc, prenez un ris aux
huniers !

PÈRE UBU. — Ceci n'est pas
mal, c'est même bon ! Entendez-
vous, monsieur l'Equipage ? Amenez le grand coq et allez faire un
tour dans les pruniers.

(*Plusieurs agonisent de rire.
Une lame embarque.*)

PÈRE UBU. — Oh ! quel déluge !
Ceci est un effet des manœuvres
que nous avons ordonnées.

MÈRE UBU ET PILE. — Déli-
cieuse chose que la navigation !

(*Deuxième lame embarque.*)

PILE, *inondé*. — Méfiez-vous de
Satan et de ses pompes !

177

PÈRE UBU. — Sire garçon, apportez-nous à boire.

(*Tous s'installent à boire.*)

MÈRE UBU. — Ah! quel délice de revoir bientôt la douce France, nos vieux amis et notre château de Mondragon!

PÈRE UBU. — Eh! nous y serons bientôt. Nous arrivons à l'instant sous le château d'Elseneur.

PILE. — Je me sens ragaillardi à l'idée de revoir ma chère Espagne.

COTICE. — Oui, et nous éblouirons nos compatriotes des récits de nos aventures merveilleuses.

PÈRE UBU. — Oh! ça, évidemment! Et moi je me ferai nommer **Maître des Finances** à Paris.

MÈRE UBU. — C'est cela! Ah! quelle secousse!

COTICE. — Ce n'est rien, nous venons de doubler la pointe d'Elseneur.

PILE. — Et maintenant notre noble navire s'élance à toute vitesse sur les sombres lames de la mer du Nord.

PÈRE UBU. — Mer farouche et inhospitalière qui baigne le pays appelé Germanie, ainsi nommée parce que les habitants de ce pays sont tous cousins germains.

MÈRE UBU. — Voilà ce que j'appelle de l'érudition. On dit ce pays fort beau.

PÈRE UBU. — Ah! messieurs! si beau qu'il soit il vaut pas la

Pologne. S'il n'y avait pas de Pologne, il n'y aurait pas de Polonais!

FIN

[Éd. 1900] Et maintenant, comme vous avez bien écouté et vous êtes tenus tranquilles, on va vous chanter

LA CHANSON DU DÉCERVELAGE

Je fus pendant longtemps ouvrier ébéniste,
Dans la ru' du Champ d'Mars, d'la paroiss' de
[Toussaints,
Mon épouse exerçait la profession d'modiste
Et nous n'avions jamais manqué de rien.
Quand le dimanche s'annonçait sans nuage,
Nous exhibions nos beaux accoutrements
Et nous allions voir le décervelage
Ru' d'l'Échaudé, passer un bon moment.

Voyez, voyez la machin' tourner,
Voyez, voyez la cervell' sauter.
Voyez, voyez les Rentiers trembler ;

(*Chœur*) Hourra, cornes-au-cul, vive le Père Ubu !

Nos deux marmots chéris, barbouillés d'confitures
Brandissant avec foi des poupins en papier,
Avec nous s'installaient sur le haut d'la voiture
Et nous roulions gaiement vers l'Échaudé.
On s'précipite en foule à la barrière,
On s'fich' des coups pour être au premier rang,
Moi je m'mettais toujours sur un tas d'pierres
Pour pas salir mes godillots dans l'sang.

Voyez, voyez la machin' tourner,
Voyez, voyez la cervell' sauter,
Voyez, voyez les Rentiers trembler ;

(*Chœur*) Hourra, cornes-au-cul, vive le Père Ubu !

Bientôt ma femme et moi nous somm's tout blancs
[d'cervelle,
Les marmots en boulott'nt et tous nous trépi-
[gnons
En voyant l'Palotin qui brandit sa lumelle,
Et les blessur's et les numéros d'plomb. —
Soudain, j'perçois dans l'coin, près d'la machine,

184

La gueul' d'un bonz' qui n' m'revient qu'à moitié,
Mon vieux, que j'dis, je r'connais ta bobine,
Tu m'as volé, c'est pas moi qui t'plaindrai.

    Voyez, voyez la machin' tourner,
    Voyez, voyez la cervell' sauter,
    Voyez, voyez les Rentiers trembler;

(*Chœur*) Hourra, cornes-au-cul, vive le Père Ubu!

Soudain j'me sens tirer la manch' par mon
                                [épouse :
Espèc' d'andouill' qu'ell' m'dit, v'là l'moment
                               [d'te montrer :
Flanque-lui par la gueule un bon gros paquet
                               [d'bouse,
V'là le Palotin qu'a juste le dos tourné. —
En entendant ce raisonn'ment superbe,
J'attrap' sus l'coup mon courage à deux mains :
J'flanque au Rentier une gigantesque merdre
Qui s'aplatit sur l'nez du Palotin.

    Voyez, voyez la machin' tourner,
    Voyez, voyez la cervell' sauter,
    Voyez, voyez les Rentiers trembler;

(*Chœur*) Hourra, cornes-au-cul, vive le Père Ubu!

Aussitôt j'suis lancé par-dessus la barrière,
Par la foule en fureur je me vois bousculé
Et j'suis précipité la tête la première
Dans l'grand trou noir d'ousqu'on n'revient ja-
                                 [mais. —

Voilà c'que c'est qu'd'aller s'prom'ner l'dimanche
Ru' d'Échaudé pourvoir décerveler,
Marcher l'Pinc'-Porc ou bien l'Démanch-Co-
[manche :
On part vivant et l'on revient tudé.

Voyez, voyez la machin' tourner,
Voyez, voyez la cervell' sauter,
Voyez, voyez les Rentiers trembler;

(*Chœur*) Hourra, cornes-au-cul, vive le Père Ubu.

BIBLIOGRAPHIE

Les éditions d'*Ubu Roi* sont au nombre de trois.

Voici, avant tout, la description de l'Édition princeps qui parut en librairie le 20 juin 1896.

Alfred Jarry — Ubu Roi | Drame en cinq actes — en prose | Restitué en son intégrité | tel qu'il a été représenté par | les Marionnettes du Théâtre — des Phynances en 1888 (marque du *Mercure :* un pétase ailé.) *Paris* | *Édition du Mercure de France*, 15, *rue de l'Échaudé-Saint-Germain* | MDCCCXCVI, pet. in-18 de 172 pages et 1 feuillet non numéroté avant lequel on a inséré 6 feuillets papier mince couleur saumon Extrait du Catalogue des PVBLICATIONS du *Mercure de France*. Au verso de la page 171, on trouve l'*Achevé d'imprimer* dans un encadrement typographique de brins trifoliés. *Achevé d'imprimer le 11 juin 1896 avec les caractères du Perhinderion par Charles Renaudie, 56, rue de Seine, 56, à Paris.*

Deux images d'Alfred Jarry représentant le père Ubu : 1re : Bois gravé signé A. J. (répété sur la couverture); 2e : dessin à la plume dans un encadrement typographique de brins trifoliés.

187

Au verso de la dédicace, qui est agrémentée, au début avant l'épigraphe et à la fin, de lignes typographiques faites de brins trifoliés, se trouve la justification du tirage :

Il a été tiré de cet ouvrage, composé avec les caractères du Perhinderion : 5 *exemplaires sur Japon impérial, numérotés de* 1 *à* 5 [brin trifolié, queue en l'air] *et* 15 *exemplaires sur hollande, numérotés de* 6 *à* 20 [ligne faite de brins trifoliés] *Justification du tirage* [Chouette rouge de face sur une branche dans un encadrement typographique noir fait de brins trifoliés, puis lignes de brins trifoliés] *Droits de traduction et de reproduction réservés pour tous pays, y compris la Suède et la Norvège.*

La couverture jaune porte : *Alfred Jarry* | *Ubu Roi* | marque du Mercure : *pétase ailé*] | *Paris* | *Édition du Mercure de France,* 15, *rue de l'Échaudé-Saint-Germain* | *MDCCCXCVI* [le portrait en pied du père Ubu estompé dans une teinte à peine plus foncée que la couleur de la couverture fait le fond de ce titre].

Au dos : Alfred Jarry | — | Ubu Roi | — | [pétase ailé] | — | Prix : 2 fr. | — | Mercure | de | France | — | 1898 |

Ubu Roi parut pour la première fois dans une revue, *Le Livre d'Art* (mai 1896), qui n'eut que trois numéros. A cette époque, le manuscrit était complètement en fragments et c'est un cercle d'amis de Jarry qui — malgré sa propre volonté — le décidèrent à réunir les feuillets épars et à les porter à la Revue.

Édition originale autographique texte et musique qui parut en librairie le 12 octobre 1897.

Alfred Jarry | *Ubu Roi* | *Drame en cinq actes en prose* | *restitué en son intégrité tel qu'* | *il a été représenté par les ma-* | *rionnettes du Théâtre des Phynances* | *en 1888 et le Théâtre de l'Œuvre* | *le 10 décembre 1896 avec la musique* | *de Claude Terrasse.* | [Pétase ailé] | *Paris* | *Édition du Mercure de* | *France, XV, rue de* — *l'Échaudé-Saint-Germain* | *MDCCCXCVII* | —5—. Sur la page 4, qui précède on lit : *Des mêmes auteurs et en collaboration avec A.-F. Hérold, pour paraître prochainement* LA FORET VIERGE. —4—

Sur la page 6 : Il a été tiré de cet ouvrage dix exemplaires sur Chine, numérotés de 1 à 10, et dix exemplaires sur Japon impérial numérotés de 11 à 20. [Tête de face du père Ubu] Droits de traduction et de reproduction réservés pour tous pays, y compris la Suède et la Norvège. —6—

Le véritable portrait de Monsieur Ubu est dessiné et signé A. J. *L'autre portrait de Monsieur Ubu* est sans l'encadrement; à la page 24 il y a une tête d'Ubu, à la page 29 un Ubu de 3/4 tourné vers la gauche, à la page 35 un balai pour les cabinets, brins en haut.

In-18 tiré à 250 exemplaires plus ceux de luxe, de 176 pages et 2 feuillets non numérotés. La couverture jaune sur le fond de laquelle est estompé en teinte à peine plus foncée le bois *le véritable portrait de Monsieur Ubu* de la 1re édition, porte en caractères typographiques : Alfred Jarry et Claude Terrasse | — | Ubu Roi | Texte et

Musique — Fac-simile autographique [pétase ailé] | Paris | Édition du Mercure de France | XV, rue de l'Échaudé-Saint-Germain, XV | — — *MDCCCXCVII* — sur l'extérieur final de la couverture. Annonce du *Mercure de France* avec à la fin l'indication *Imp. C. Renaudie, 56, rue de Seine, Paris*. Au dos, indications normales, plus celle du prix : *Prix* : 5 *fr.*

Enfin, l'Édition de 1900 :

Ubu enchaîné | précédé de | Ubu Roi | [R. B. marque de la *Revue Blanche*] | Paris | Éditions de la *Revue Blanche* | 23, Boulevard des Italiens, 23 | 1900 | Tous droits de reproduction pour tous les | pays, y compris la Suède et la Norvège. 2 feuillets non numérotés 244 pages et 2 feuillets non numérotés.

1er feuillet du commencement. Recto : *Ubu enchaîné précédé de Ubu Roi*, au verso se trouve la bibliographie du même auteur.

Au verso du titre on lit : De cet ouvrage, il a été tiré à part cinq exemplaires sur papier de Hollande, numérotés à la presse. Justification du tirage [chouette de la première édition en brun] *Ubu Roi* occupe jusqu'à la page 142 inclusivement, le reste du volume contenant les 5 actes d'*Ubu enchaîné*. Cette édition pour ce qui concerne *Ubu Roi* (publiée sans iconographie ni musique) contient en plus des autres *la chanson du décervelage* qui se trouve aux pages 140, 141, 142.

Le 1er feuillet non numéroté de la fin contient au recto la table avec en bas l'indication : *Châteauroux. — Typ. et stéréot. A. Majesté et Bouchardeau. A. Mellottée, succ.*

La couverture blanche reproduit sur le 1ᵉʳ plat extérieur le titre en entier, sur le plat de la fin une annonce pour les *Éditions de la Revue Blanche* et l'indication *Imp. C. Renaudie, 56, rue de Seine, Paris.* Au dos : Alfred Jarry | *Ubu enchaîné* précédé de *Ubu roi* | [Marque la *Revue Blanche*] — Prix 3 fr. 50 — Éditions de la *Revue Blanche*, Paris — 1900.

ACHEVÉ D'IMPRIMER
LE 10 SEPTEMBRE 1963 SUR LES PRESSES
DE L'IMPRIMERIE OFFSET JEAN GROU-RADENEZ
27-29, RUE DE LA SABLIÈRE, A PARIS
DÉPÔT LÉGAL : 3ᵉ TRIMESTRE 1963
Nº D'ÉDITION : 684